SELECTION | GERMANY'S FINEST AGENCIES
2014/2015 | Band 8

★ **SELECTION** | GERMANY'S FINEST AGENCIES 2014/2015

INHALTSVERZEICHNIS
BAND 8

► Interviews Part 1

013	**Im Gespräch mit Stefan Schmidt**	
	(dieckertschmidt)	
015	**Im Gespräch mit Alexandra Richter**	
	(AGENTUR RICHTER)	
017	**Im Gespräch mit Peter Matz**	
	(loved)	
019	**Im Gespräch mit Florian Schültke**	
	(Landor Associates)	
021	**Im Gespräch mit Gregor Ade**	
	(Peter Schmidt Group)	
023	**Im Gespräch mit Jens Grefen**	
	(Interbrand)	

► Agenturen A-D

026	3st kommunikation
028	act&react Werbeagentur
030	AGENTUR RICHTER
032	Agonist media
034	AniManual
036	BASIC-UNIT
038	Betty und Betty
040	brand.david
042	brand revolutions
044	Büro Grotesk
046	Bureau BLEEN
048	C&N
050	cantaloop
052	Clormann Design
054	Colell & Kampmann Design
056	DEN MUTIGEN GEHÖRT DIE WELT.*
058	DesignAIR Communications
060	DES WAHNSINNS FETTE BEUTE
062	DFM Brand Builders
064	DFROST
066	dieckertschmidt
068	Digiden
070	Dragon Rouge
072	DRIVE Interactive Communication
074	DRWA Das Rudel Werbeagentur

► Agenturen E-J

076	eden und team
078	EIGA Design
080	elbedesigncrew
082	ENGELMANN & KRYSCHAK
084	Faber & Marke
088	Falcon White – Designagentur
090	FINAL IMAGE
092	Flaechenbrand
094	FORCE.
096	gabriel design team
098	Gaida Kommunikation
100	giraffentoast
102	hauser lacour
104	heureka
106	HOME^
108	hw.design
110	Interbrand
112	Jäger & Jäger
114	JANSSEN GOUTTE
116	justblue.design

▶ Agenturen K-R

118	KAAPKE
120	kai thomas design
122	Khalil + Freunde
126	Kolle Rebbe
128	kom
130	Kontrast Communication Services
132	Lambie-Nairn
134	Landor Associates
136	Leiseder Kommunikation Plus
138	Liebchen+Liebchen
140	livewelt
142	Lockstoff Design
144	loved
146	Markenliaison
148	mërz punkt
150	mitho®
152	MÜLLER MÖLLER BRUSS
154	Niehaus Knüwer and friends
158	NUISOL
160	nulleins™
162	Ogilvy & Mather
164	OLIVER VOSS
166	OPEN STUDIO
168	Pahnke Markenmacherei
170	peter schmidt, belliero & zandée
172	Peter Schmidt Group
174	POINT
176	PUR[E]ART
178	Red Monkeys

▶ Agenturen S-Z

182	sabinefunkdesign
184	SchleeGleixner
186	Schmid/Widmaier
188	stoffers/steinicke
190	Strategen Gestalter
192	Studio Elfenbein
194	Super an der Spree
196	switch:design
198	TAKTZEIT
200	TEAM MEUTER
202	teampenta
206	think moto
208	Tom Leifer Design
210	Uniplan
212	WEADYOU
214	WHITE Communications

▶ Interviews Part 2

221	**Im Gespräch mit Gerd Eden** (eden und team)
223	**Im Gespräch mit Gerrit Schwerzel** (DEN MUTIGEN GEHÖRT DIE WELT.*)
225	**Im Gespräch mit Stefan Hauser** (hauser lacour)
227	**Im Gespräch mit Marc Clormann** (Clormann Design)
229	**Im Gespräch mit Martina Merz** (mërz punkt)
232	Index (Teilnehmer nach Bundesländern)
238	Impressum

★ INTERVIEWS PART 1 | SELECTION 2014/2015

STEFAN SCHMIDT
ALEXANDRA RICHTER
PETER MATZ
FLORIAN SCHÜLTKE
GREGOR ADE
JENS GREFEN

Im Gespräch mit …

STEFAN SCHMIDT   013
(dieckertschmidt)

ALEXANDRA RICHTER   015
(AGENTUR RICHTER)

PETER MATZ   017
(loved)

FLORIAN SCHÜLTKE   019
(Landor Associates)

GREGOR ADE   021
(Peter Schmidt Group)

JENS GREFEN   023
(Interbrand)

★ INTERVIEW | **STEFAN SCHMIDT** | DIECKERTSCHMIDT

STEFAN SCHMIDT
DIECKERTSCHMIDT

Im Gespräch mit dem Gründer und Creative Director von dieckertschmidt aus Berlin.

▸ **Stefan Schmidt, erzählen Sie uns bitte kurz etwas zur Entstehung Ihrer Agentur.**
Entstanden ist dieckertschmidt, weil Kurt und ich das mittelmäßige Angebot (zu langweilig und zu teuer) von den meisten hiesigen internationalen Networks nicht mehr mittragen wollten. Eine globale Sicht auf die Arbeit braucht es durchaus, da sind wir die ersten Verfechter. Aber Networks liefern leider sehr wenig internationales Denken, bei sehr zähen Wasserkopf-Abläufen. Also haben wir vor zweieinhalb Jahren mit 4 Leutchen angefangen. Klarer. Radikaler. Direkter. Schneller. Jetzt sind wir 16 Feste und etwa 6 Freie, die hier regelmäßig ein und aus gehen. Ein Team aus Portugal, Panama, Pakistan, Slowenien und sogar aus Meck-Pomm und Bayern.

▸ **Wie sieht das Leistungsspektrum genau aus?**
Wir machen Ideen, Ideen, Ideen. Und Ideen brauchen Manifestation in den verschiedensten Formen. Webseiten, Mobile Apps, Poster, Filme, Print-Anzeigen, Stunts, Kaffeebecher, Songs, Produkte ... Wir gehen immer vom Ziel aus. Was will ein Kunde erreichen.
Und dann, ganz klassisch: Ziele-Wege-Massnahmen. Immer in der Reihenfolge. Wir schätzen es nicht so sehr, wenn eine Kunde kommt und sagt: „Ich habe einen Radio-Flight gebucht. Füllt die 30 Sekunden mal mit watt Lustigem auf." Denn Radio ist vielleicht gar nicht der richtige Weg. Vielleicht brauchen wir ja 100 nackte Weiber, die durchs Brandburger Tor schlurfen.

▸ **Wie unterscheidet sich die Agentur Ihrer Meinung nach von Mitbewerbern? Was zeichnet sie aus?**
Kurt und ich sind eine Kombination, die es so nirgends gibt. Wir sind bei Springer&Jacoby sozialisiert. D. h.: klar, einfach, präzise, schnell, schwarz/weiß statt gräulich, einfallsreich und mit Freude. Gleichzeitig haben wir ein Jahrzehnt für internationale Klienten in unzähligen verschiedenen Märkten gearbeitet. Wir sind die einzigen international denkenden und handelnden S&Jler.

▸ **In Ihrer Laufbahn haben Sie zahlreiche Lösungen für unterschiedlichste Kunden entwickelt. Gibt es Projekte, auf die Sie besonders stolz sind?**
Die Oliver-Kahn-Parade über die Autobahn bei München und das Decken-Fresco im Kölner Hauptbahnhof zur WM 2006, zum Beispiel. Damals haben wir adidas überzeugt, Sehenswürdigkeiten zu inszenieren statt Werbung zu schalten. Nicht nur Millionen WM-Touristen haben das sehr honoriert. Und besonders stolz sind wir auch auf die adiletten-Personalisierungskampagne vom Frühjahr. Selten gingen Insight, Produktidee, Kommunikation und consumer involvement so exzellent Hand in Hand.

▸ **Welche Trends und Entwicklungen spüren Sie aktuell in der Werbung?**
Vor allem in den erwachsenen Märkten (USA/UK) merkt man das Ende der Hypes. Es wird nicht mehr die nächste Sau gesucht, die man durchs Dorf treiben kann. Sondern man versteht, dass es jetzt einfach viel mehr Möglichkeiten gibt, Marken für Menschen relevant zu inszenieren. Aber man glaubt nicht mehr an „das eine nächste große Ding" – und siehe da, man kann durchaus ganz klassisch, in einem 60-Sekünder eine Marke hochemotional einfach bloß bewerben. Hätte man diesen Satz in Deutschland vor 3 Jahren gesagt, hätten alle die, die John Hegarty in Cannes als „Digital-Taliban" bezeichnete, nur laut und grimmig geschimpft.

▸ **Was macht für Sie wirklich gute Werbung aus?**
Die Reaktion ist entscheidend. Was fühle ich, wenn ich die Arbeit erlebt habe? Ich kann bei großartiger Arbeit auch weinen.

▸ **Vervollständigen Sie bitte: Ein Unternehmen sollte dieckertschmidt beauftragen, wenn ...**
... es seine Werbe-Euro nicht mehr zwischen all den langweiligen Konventionen schlichter Reklame verstecken will und wenn es den Euro durch Auffälligkeit und Relevanz nutzbar machen möchte. Wir wollen also kluge Kaufleute als Partner.

▸ **Gibt es eine bestimmte Marke, für die Sie liebend gerne einmal arbeiten würden?**
Ich bin ein Riesen-Fan vom Robinson-Club. Und wirklich ein eifriger Gast. Für diese Jungs und Mädels in Hannover hätte ich große Lust zu arbeiten. Die sind aber wohl sehr glücklich mit ihren Partnern. Aber ich kann warten ;-) Ansonsten habe ich festgestellt, dass oftmals wirklich tolle Arbeit gar nicht auf den offensichtlichen Briefs herauskam, sondern da, wo man es nicht auf den ersten Blick vermutet hat. Deshalb gehen wir jede Aufgabe so an, als wäre es unsere einzige Chance etwas Herausragendes zu schaffen.

▸ **Ihre Agentur ist in Berlin ansässig. Was schätzen Sie beruflich und privat an dem Standort?**
Berlin ist die einzige Großstadt Deutschlands, die auch von Ausländern ernst genommen wird (mit Ausnahme von Frankfurt vielleicht). Gleichzeitig ist Berlin eine Stadt, die von Deutschen aus anderen Städten gar nicht verstanden wird. dieckertschmidt macht regelmäßig Workshops für Kunden, die mit Berlinern kommunizieren wollen, denen es aber wahnsinnig schwer fällt, kulturell zu greifen, was hier zählt. Was in Düsseldorf und Hamburg funktioniert, hat in Berlin gar keine Bedeutung. Alles, was man da schön findet ist hier spießig. Alles, was man dort erstrebenswert findet, ist hier vollkommen irrelevant. Nach Berlin zu gehen ist, als ob man einem Buchhalter-Haushalt entflieht, um in einer Künstler-WG zu wohnen. Mama und Papa wissen nicht, warum man all das schöne Ordentliche für den ganzen Müll aufgegeben hat. Wir sind, nachdem wir in London gearbeitet haben, nach Berlin gekommen. Wenn wir nach Hamburg zurück gemusst hätten, wären wir eingegangen wie eine Primel.

Stefan Schmidt ist Gründer und Creative Director von dieckertschmidt.

dieckertschmidt ist eine inhabergeführte Kreativagentur aus Berlin, die daran glaubt, dass Marken in sich eine große Erzählung bergen. dieckertschmidt sieht seine Aufgabe darin, diese Erzählung immer wieder neu zum Leben zu erwecken. Kreativpreise sind eine Folge dieser Denk- und Arbeitsweise – aber nicht das Ziel.

Links
▸ ***www.dieckertschmidt.com***

★ INTERVIEW | ALEXANDRA RICHTER | AGENTUR RICHTER

ALEXANDRA RICHTER
AGENTUR RICHTER

Im Gespräch mit der Gründerin und Geschäftsführerin der AGENTUR RICHTER aus München.

Alexandra Richter, Sie sind Geschäftsführerin und Gründerin der AGENTUR RICHTER. Erzählen Sie uns doch bitte kurz etwas zur Entstehung und zur Entwicklung Ihrer Agentur.
Während meiner Tätigkeit als Creative Director in verschiedenen großen Agenturen wuchs mein Interesse an strategischer Planung und ökonomischer Verantwortung. Das wurde in meiner Position nicht genügend nachgefragt – und so habe ich mein eigenes Unternehmen gegründet. Diesen Schritt habe ich bis heute nie bereut. Entstanden ist eine unabhängige Kreativagentur: Mit mehr als 20 Jahren Erfahrung in der Entwicklung von begehrlicher Kommunikation.

Wie sieht das Leistungsspektrum genau aus?
Strategie trifft Kreativität. Wir sind als Kreativagentur spezialisiert auf Werbemaßnahmen, die Marken, Produkte und Dienstleistungen begehrlich machen. Als Full-Service-Agentur bieten wir Lösungen in den Bereichen Konzeption, Design, B-to-B- und B-to-C-Kommunikation.

Was unterscheidet die Agentur von Mitbewerbern? Was zeichnet sie Ihrer Meinung nach aus?
Unser Prinzip lautet „Wurzeln und Flügel": Bei den Flügeln, die wir Projekten verleihen, vergessen wir die Wurzeln einer Marke oder eines Unternehmens nie. Ein Neubeginn steht besser auf einem Fundament. Um so arbeiten zu können, ist umfassende Erfahrung nötig. Besonders gefreut hat uns kürzlich die Aussage des Marketing-Entscheiders eines großen, international tätigen Unternehmens, der mit vielen Agenturen zusammenarbeitet: „Wenn wir etwas Besonderes suchen, gehen wir immer zur AGENTUR RICHTER. Denn da kommt garantiert eine außergewöhnliche Idee – ich trau denen sogar eine App zu, die nach etwas duftet."

In Ihrer Laufbahn haben Sie zahlreiche Lösungen für diverse Kunden entwickelt. Können Sie uns Projekte nennen, auf die Sie besonders stolz sind?
Es gelingen die Arbeiten besonders, bei denen unsere Kunden selbstkritisch mit ihren Aufgabenstellungen umgehen und uns größtes Vertrauen schenken. Immer noch stolz sind wir auf die Marktneueinführung von adidas im Bereich Outdoor. Mit der Kampagne 3 STRIPES IN NATURE haben wir es geschafft, die Marke in einem für sie neuen, bereits stark besetzten Markt sehr erfolgreich zu positionieren und auch international Beachtung zu finden. Genauso sind wir stolz auf ein kleineres Projekt: Die Gesamtkampagne für das Musikfestival TONSPUREN in Kloster Irsee. Hier gelang die Herausforderung, ein junges, modernes Festival in sehr traditionellem Umfeld zu positionieren.

Gibt es Trends und Entwicklungen, die Sie aktuell in der Werbung spüren?
Die Informationsüberfrachtung der Menschen zeigt Auswirkungen. Von gerührt oder geschüttelt zur Reduktion: Von 20 Flavour-Möglichkeiten zurück zum Filterkaffee. Die neue Speisekarte: sehr reduziert, aber hoch speziell. Der Trend zur Individualität: Die große Chance für Nischen-Marken mit eigenem Image wie kleine Destillerien, Weingüter, Kaffeeröster ... Im Handel vom Retail zum Wetail: Der Kunde sehnt sich nach Einfachheit, Nähe und Anfassbarkeit. Die Sympathie zu einem Produkt oder einem Service spielt die Hauptrolle – und das wird nur über eine emotionale Ansprache erreicht. Die Veränderung vom gedankenlosen Konsum und ungesunden Wachstum hin zu mehr Bestand und Lebensqualität fordert ehrliche und intelligente Kommunikation.

Was macht für Sie wirklich gute Werbung aus?
Emotionales Storytelling. Inhalte mit Seele. Wer emotional ansprechende Geschichten erzählen kann, dem hören wir zu und sind schon gespannt auf die Fortsetzung. Gleichzeitig ist die Story die Plattform zum Dialog mit dem Kunden. Selbstverständlich muss sie individuell und maßgeschneidert auf die Marke sein.

Vervollständigen Sie bitte: Ein Unternehmen sollte die AGENTUR RICHTER beauftragen, wenn ...
... es feststellt, dass ihm Begehrlichkeit fehlt. Und wenn sich beim genauen Betrachten der realisierten oder geplanten Maßnahmen das Gefühl einstellt: Hmh – soll das schon alles sein?

Gibt es eine Marke, für die Sie liebend gerne einmal arbeiten würden? Falls ja, für welche und weshalb?
In meiner Laufbahn hatte ich es mit etlichen Marken zu tun. Da geht es nicht mehr ums Namedropping. Deshalb reizt mich die Aufgabe mehr als die Marke. Je herausfordernder, je lieber.

Wie empfinden und bewerten Sie momentan die deutsche Kreativbranche?
Das Bewusstsein, dass Kreativität eine wesentliche Ressource für ökonomisches Wachstum ist, ist hierzulande noch kaum in der Praxis angekommen. Wir können nur zeigen, was wir zeigen dürfen. In Zeiten, in denen Controller und Einkäufer bei der Agenturauswahl massiv mitentscheiden, ist das nicht immer einfach. Wir sind jedoch kampfbereit – denn es lohnt sich letztendlich für beide Seiten, für das Unternehmen wie für die Agentur.

Können Sie uns drei Webseiten nennen, die Sie regelmäßig besuchen?
Sueddeutsche.de, faz.net/aktuell/finanzen und agentur-richter.com, da gibt es immer etwas zu aktualisieren.

Die diplomierte Kommunikationsdesignerin Alexandra Richter ist Gründerin und Geschäftsführerin (Kreation und Beratung) der AGENTUR RICHTER Werbeagentur GmbH in München. Zudem unterrichtet sie als Dozentin an der Fakultät für Gestaltung in Augsburg und München.

Schwerpunkt der AGENTUR RICHTER ist emotionalisierte Kommunikation. Entwicklung strategischer Kommunikationskonzepte, Markenpositionierungen, Marktneueinführungen und Relaunches, Corporate Design, Public Relations, Interaktive Kommunikation, Webkonzepte, Webdesign und CRM-Strategien. Auf der Kundenliste stehen u. a. adidas, BMW, BDLI Bundesverband, Greenpeace, HEAD, Reebok, Polo Ralph Lauren, DU PONT, Polartec, GORE-TEX, ENGELHORN Einzelhandel, KNORR Unilever, Packard Bell, Sony, Danone und WOLFORD.

Links
▶ ***www.agentur-richter.com***

★ INTERVIEW | **PETER MATZ** | LOVED

PETER MATZ
LOVED

Im Gespräch mit dem Managing Partner von loved aus Hamburg.

▶ **Peter Matz, Sie sind Managing Partner bei loved. Erzählen Sie uns doch bitte etwas zur Entstehung und zur Entwicklung der Agentur.**

Seit 2007 existiert die Agentur loved als Gestaltungsagentur – das sagen wir ganz bewusst, für uns persönlich greift der Begriff Designagentur zu kurz – von thjnk. Wir wurden damals noch von kempertrautmann gegründet, weil die Gründer seit jeher auch eine Vorliebe für gutes Design und Gestaltung hatten. Mittlerweile haben wir unser Angebot stetig erweitert und ausgebaut.

▶ **Wie sieht das Leistungsspektrum genau aus?**

Wir haben die drei Schwerpunkte Marke, Inhalte und Gestaltung. Das betreiben wir selbstverständlich medienneutral und disziplinübergreifend. Für jeden Kunden, den wir betreuen, bearbeiten wir mindestens eine der genannten Dimensionen.

▶ **Was unterscheidet die Agentur von Mitbewerbern? Was zeichnet sie Ihrer Meinung nach aus?**

Auch wenn wir uns im Feld der Designagenturen bewegen, begreifen wir uns nicht als solche. Hier unterscheiden wir uns schon mal vom Gros der Agenturen. Des Weiteren haben wir eine komplette Redaktion im Haus, so sind wir in der Lage mit unserem Netzwerk weltweit Inhalte zu identifizieren und zu bearbeiten. Außerdem pflegen wir unsere Liebe zum Detail, die vor allem in der (visuellen) Gestaltung zum Ausdruck kommt und schließlich lieben wir Marken, deren Identität immer der Ausgangspunkt für all unser Handeln ist.

▶ **In Ihrer Laufbahn haben Sie inzwischen zahlreiche Lösungen für unterschiedlichste Kunden entwickelt. Können Sie uns Projekte nennen, auf die Sie besonders stolz sind?**

Wir sind immer dann besonders stolz gewesen, wenn wir etwas zum ersten Mal gemacht haben und dies sichtbar wurde. Als wir beispielsweise unser erstes CP-Produkt, unsere erste Verpackung oder erste iPad Applikation kreiert haben, fühlten wir uns mehr als bestätigt stets neugierig und offen zu sein für Entwicklungen in der Kommunikation.

▶ **Was macht für Sie wirklich gute Werbung aus?**

Ich würde das gerne weiter fassen und feststellen wollen, was gute Kommunikation ausmacht. Zuerst muss man sehr gut zuhören können, das Problem erfassen und eine relevante Botschaft vermitteln. Wenn man das beherzigt, wird jede Kommunikation und auch Werbung gut und erfolgreich.

▶ **Gibt es Trends und Entwicklungen, die Sie aktuell im Bereich der Markenkommunikation spüren?**

Das Thema Content wird uns noch eine ganze Weile beschäftigen, auch der Bereich integrierte Kommunikation ist immer noch aktuell und schließlich auch Medienkonvergenz und Diversifikation. Auch wenn alle darüber reden und es für viele ein alter Hut sein mag, stellen wir immer wieder in der täglichen Arbeit fest, dass diese Themen immer noch der große Treiber sind.

▶ **Vervollständigen Sie bitte den folgenden Satz: Man sollte loved beauftragen, wenn ...**

... Sie jemanden suchen, der Ihnen zuhört, Ihr Problem erfasst, Ihnen eine relevante Botschaft an die Hand gibt und diese mit Liebe zum Detail umsetzt.

▶ **Gibt es eine bestimmte Marke, für die Sie liebend gerne einmal arbeiten würden? Falls ja, für welche und weshalb?**

Ganz ehrlich, ich finde erst einmal jede Marke und natürlich auch jene Unternehmen und Produkte, die noch zur Marke werden wollen spannend. Persönlich reizvoll fände ich die Aufgabe, aus einem Alltagsprodukt eine Marke zu machen. Welche Relevanz haben zum Beispiel Birnen im Obstregal?

▶ **Wie empfinden und bewerten Sie momentan die deutsche Kreativbranche? Gerne auch im internationalen Vergleich.**

Da kommt es jetzt ein wenig darauf an, welchen Bereich man sich anschaut. Sicherlich gibt es im Feld Design noch Luft nach oben, gegenüber beispielsweise England. Im Corporate Publishing dagegen empfinde ich Deutschland klar im Lead, im digitalen Bereich haben wir wiederum deutliche Schwächen und müssen aufpassen, den Anschluss nicht zu verlieren. Und dennoch denke ich, dass ein Defizit mittlerweile nicht mehr vorrangig im kreativen Produkt vorhanden ist, sondern vor allem im Arbeitsmarkt. Hier müssen wir als Branche mehr Anstrengungen unternehmen, um für den Nachwuchs nicht an Attraktivität zu verlieren.

▶ **loved ist in Hamburg ansässig. Was schätzen Sie beruflich und privat an dem Standort?**

Hamburg ist für alle Medienschaffenden ein optimaler Standort, eine Vielzahl von Spezialisten und Kreativen sorgen für einen aktiven Austausch. Hamburg ist eine optimale Homebase für mich, beruflich wie privat. Als gebürtiger Süddeutscher vermisse ich von Zeit zu Zeit lediglich die Berge.

▶ **Können Sie uns drei Webseiten nennen, die Sie derzeit regelmäßig besuchen?**

Das ist wesentlich unspektakulärer als man meinen könnte. Täglich besuche ich Spiegel Online und facebook. Und abends immer die ARD Mediathek für das Neueste vom Tage oder die ein oder andere Doku. Ansonsten nutze ich fast das ganze Internet als Inspirationsquelle sowie regelmäßig die Webseiten unserer Kunden – klingt irgendwie cheesy, ist aber so.

Peter Matz ist studierter Diplom-Wirtschaftsingenieur und Mitglied der Geschäftsführung neben Mieke Haase und Michael Jacobs. Gemeinsam führen Sie die Geschicke der Hamburger Agentur loved für Marke, Inhalte und Gestaltung. Auf der Kundenliste stehen unter anderem Audi, Görtz, Grohe, Messe Düsseldorf, Lloyd und Quantum.

Links
▶ **www.loved.de**

★ INTERVIEW | FLORIAN SCHÜLTKE | LANDOR ASSOCIATES

FLORIAN SCHÜLTKE
LANDOR ASSOCIATES

Im Gespräch mit dem Managing Director von Landor Associates aus Hamburg.

▶ **Florian Schültke, was umfasst das Leistungsspektrum von Landor Associates eigentlich genau?**
Wir sind eine international agierende Markenberatung für Strategie, Design und Kommunikation mit 27 Büros in 20 Ländern. Seit über 20 Jahren stehen wir für „brand led business transformation", denn wir helfen Unternehmen ihre Marken und Identitäten zu entwickeln und optimieren. Insbesondere heute sind Marken wichtiger und wertvoller denn je, da sie die Grundlage für einen nachhaltigen Geschäftserfolg bilden und eine immer stärkere Basis für geschäftstreibende Innovationen liefern.

▶ **Was unterscheidet die Agentur von Mitbewerbern? Was zeichnet sie Ihrer Meinung nach aus?**
Wir sind ganzheitlich aufgestellt und verfügen über umfangreiche Expertise in sämtlichen Teilbereichen unseres Angebotsportfolios. Bei uns steht der Unternehmenserfolg unserer Kunden im Fokus. Deshalb gehen wir auch Kooperationen mit Partnern wie Deloitte Consulting ein, um Business- und Brandconsulting zu vereinen. Darüber hinaus betreuen wir als globaler Design Hub erfolgreich internationale Kunden wie P&G. Außerdem beschäftigen wir uns intensiv mit Structural und Product Design, da diese Bereiche im Rahmen ganzheitlicher Markenkonzepte immer relevanter werden. Erste Erfolge im Netzwerk können wir bereits vorweisen – wir freuen uns über einen goldenen Löwen in Cannes in der neuen Kategorie Produktdesign.

▶ **Welche Trends und Entwicklungen spüren Sie aktuell im Bereich der Markengestaltung und wie bewerten Sie diese?**
Markengestaltung wird heute immer ganzheitlicher gesehen. Sämtliche Touchpoints werden professionell gemanagt. Dabei lässt sich auch ein Trend erkennen, nämlich Aktivierung über Gestaltung. Das bedeutet nichts anderes, als über markenadäquates Design die Auseinandersetzung mit der Marke – also das Brand Engagement –, zu erhöhen.

▶ **In Ihrer Laufbahn haben Sie zahlreiche Projekte für unterschiedlichste Kunden umgesetzt. Können Sie uns Cases nennen und beschreiben, auf die Sie ganz besonders stolz sind?**
Ich habe in 20 Jahren auf so vielen unterschiedlichen Projekten gearbeitet, dass es da sicherlich eine Vielzahl von Dingen gibt, die ich hier erwähnen könnte. Wichtig ist mir dabei vor allem, dass unsere Arbeit immer auch wirtschaftlichen Erfolg für unsere Kunden bedeutet.

▶ **Vervollständigen Sie bitte den folgenden Satz: Man sollte Landor Associates beauftragen, wenn ...**
... man wie wir die Kraft der Marke schätzt und konsequent ausbauen möchte. Übrigens sind wir auch eine ganz nette Truppe.

▶ **Gibt es eine bestimmte Marke, für die Sie liebend gerne einmal arbeiten würden? Falls ja, für welche und weshalb?**
Eine Vielzahl der ganz großen Consumerbrands habe ich glücklicherweise schon betreuen dürfen – und bei Landor habe ich nun das ganz große Glück, dass wir mit den spannendsten und größten Marken auf unserem Planeten arbeiten dürfen.

▶ **Wie empfinden und bewerten Sie momentan die deutsche Kreativbranche? Gerne auch im internationalen Vergleich.**
Durch meine internationale Arbeit in den vergangenen zehn Jahren kenne ich mich ein bisschen aus. Natürlich sind die USA und England anders als der restliche europäische Markt. Dennoch finde ich, dass die deutsche Kreativbranche nicht schlechter aufgestellt ist. Es gibt eine Vielzahl von Arbeiten, die sich im internationalen Vergleich sehen lassen können. Leider sind wir in Deutschland nicht immer der „Hub" für internationale Marken, wie beispielsweise England oder die USA. Das heißt, uns fehlt es manchmal ein bisschen an Erfahrung mit internationaler Markenführung.

▶ **Landor Associates ist in Deutschland in Hamburg ansässig. Was schätzen Sie sowohl beruflich als auch privat an dem Standort?**
Ich liebe diese Stadt. Sie ist mit Abstand die schönste Stadt Deutschlands und entwickelt sich mehr und mehr zu einer internationalen Metropole, was vor zehn Jahren noch komplett anders war. Wir haben 15 unterschiedliche Nationalitäten in unserem Team, die alle „hamburgbegeistert" sind. Und wenn man es mal ein bisschen verrückter haben will, setzt man sich in den Zug und fährt in anderthalb Stunden nach Berlin.

▶ **Wie und wo sehen Sie Landor Associates in ein paar Jahren? Welche Ziele verfolgen Sie?**
Wir wollen unser Angebotsspektrum noch besser auf die individuellen Bedürfnisse unserer Kunden abstimmen. Marken müssen heute agiler sein denn je. Das bedeutet, dass auch alle Prozesse, die Marken steuern, schneller und flexibler werden müssen – sowohl auf Seiten der Agenturen als auch der Unternehmen.

Darüber hinaus wollen wir in den kommenden zwei Jahren organisch um bis zu 20 Prozent wachsen.

▶ **Abschließend noch eine Frage: Können Sie uns drei Webseiten nennen, die Sie regelmäßig besuchen?**
Linkedin.com, Spiegel.de, Amazon.de.

Florian Schültke ist seit 2013 Managing Director des Hamburger Büros von Landor. Davor leitete er u. a. das Berliner Büro der Werbeagentur TBWA und war verantwortlich für Tequila in Düsseldorf, die TBWA-Tochter für Dialog und CRM.

Als eine der weltweit führenden Markenberatungen für Strategie, Design und Kommunikation hilft Landor seinen Kunden bei der Kreation agiler Marken, die auf dem dynamischen Markt von heute erfolgreich sind. Unsere Arbeit ermöglicht es Top-Brands – von Adelholzener über BMW bis WMF – für etwas zu stehen und dabei niemals still zu stehen. 1941 in San Francisco von dem Deutschen Walter Landor gegründet, leistet Landor seit nunmehr über 70 Jahren Pionierarbeit in der ganzheitlichen Entwicklung und Führung von Marken. Heute besitzt Landor 27 Büros in 20 Ländern. Das Hamburger Büro von Landor wurde 1997 eröffnet und betreut namhafte Auftraggeber in Deutschland, Österreich und der Schweiz sowie den zentral- und osteuropäischen Ländern und Skandinavien.

Links
▶ ***www.landor.com***

★ INTERVIEW | **GREGOR ADE** | PETER SCHMIDT GROUP

GREGOR ADE
PETER SCHMIDT GROUP

Im Gespräch mit dem Managing Partner der Peter Schmidt Group.

▸ **Gregor Ade, Sie sind Managing Partner der Peter Schmidt Group. Was umfasst das Leistungsspektrum der Agentur eigentlich genau?**

Wir begleiten unsere Kunden bei allen Fragen rund um ihre Marke. Das beginnt bei der strategischen Beratung – und reicht weit über einzelne gestalterische Anwendungen hinaus. Unsere Frage ist immer: Wie schaffen wir ein Markenerlebnis, das Unternehmen nahbar und lebendig macht? Und wie können wir unsere Kunden dazu befähigen, ein neues Design unkompliziert und konsistent zu implementieren?

▸ **Inwiefern unterscheidet sich die Agentur Ihrer Meinung nach von Mitbewerbern? Was zeichnet die Peter Schmidt Group aus?**

Ganz einfach: Wir stehen nicht nur für starke Ideen, sondern auch für die Kraft, diese weltweit auf die Straße zu bringen. Denn unsere Leistung umfasst nicht nur Brand Development und Brand Experience, sondern eben auch Brand Management. Das macht uns in der Agenturwelt ziemlich einzigartig. Hinzu kommen natürlich über vierzig Jahre Erfahrung beim Aufbau internationaler Marken.

▸ **Gibt es Trends und Entwicklungen, die Sie aktuell im Bereich der Markengestaltung spüren und falls ja, wie bewerten Sie diese?**

Ich finde, es gibt aktuell drei große Entwicklungen. Erstens: Die Trennung zwischen Markengestaltung und -kommunikation ist Vergangenheit. Zweitens: Auch mittelständische Unternehmen kommen nicht mehr umhin, das Thema Branding im internationalen Kontext zu sehen. Und last but not least: Die Effizienz der Markenführung auch tatsächlich belegen zu können, wird immer wichtiger.

▸ **In Ihrer Laufbahn haben Sie über die Jahre zahlreiche Lösungen für ganz unterschiedliche Kunden entwickelt. Können Sie uns einige Projekte nennen, auf die Sie besonders stolz sind?**

Stolz machen mich immer wieder kleinere, künstlerische Projekte, wie das Design für das Städel Museum in Frankfurt. Aber es gibt natürlich auch Projekte, die aufgrund ihrer Komplexität besonders spannend waren: Die Rebrandings von Linde und Continental oder das Packaging für REWE Feine Welt zum Beispiel. Oder Wataniya Airways: Für die kuwaitische Premium-Airline haben wir die gesamte Marke aufgebaut, das Design an allen Touchpoints durchdefiniert – und außerdem zwischen Kulturen vermittelt.

▸ **Vervollständigen Sie bitte den Satz: Man sollte die Peter Schmidt Group beauftragen, wenn …**

… man seine Marke konsequent zu einer Ikone aufbauen möchte. Denn ein Großteil der von uns entwickelten Marken begegnet einem im täglichen Leben: auf der Straße und auf Schildern, im Fernsehen oder im Supermarktregal.

▸ **Gibt es eine Marke, für die Sie liebend gerne einmal arbeiten würden? Falls ja, für welche und weshalb?**

Da gibt es einige. Air Berlin zum Beispiel. Das Unternehmen hat ein enormes Potenzial, aber wofür genau die Airline steht, wird aktuell nicht klar. Das verstärkt die aktuellen Probleme der Airline zusätzlich.

▸ **Wie empfinden und bewerten Sie die deutsche Kreativbranche (auch im internationalen Vergleich)?**

Tatsächlich ist die deutsche Kreativbranche wesentlich besser als ihr Ruf – da reicht schon ein Blick auf die Ergebnisse bei den internationalen Awards. Oftmals fehlt vielleicht noch der Mut, den zum Beispiel südamerikanische Agenturen mitbringen.

▸ **Die Peter Schmidt Group hat vier Standorte in Deutschland, Sie arbeiten von Frankfurt aus. Was schätzen Sie sowohl beruflich als auch privat an der Stadt?**

Das Spannende an Frankfurt ist, dass die Stadt unglaublich international und weltoffen ist, zugleich aber die Wege sehr kurz sind: In einer Viertelstunde sind sie ja eigentlich überall – im Büro, im Museum, im Lieblingsrestaurant, beim Kunden oder auch am Flughafen. Einem fertig gebauten Flughafen wohlgemerkt.

▸ **Wie und wo sehen Sie die Peter Schmidt Group in ein paar Jahren? Welche Ziele verfolgen Sie?**

Wir haben eine ganze Menge vor, wollen mit unserer Arbeit noch internationaler werden und dabei auch die Potenziale des BBDO-Netzwerks entschiedener nutzen. Außerdem sehen wir unsere Rolle gegenüber Kunden zunehmend als übergeordneter Projektpartner, der die zahlreichen beteiligten Dienstleister orchestriert. Und natürlich wollen wir bei alldem die kreative Exzellenz nicht vergessen: Hier sind wir schon in diesem Jahr auf einem sehr erfolgreichen Kurs.

▸ **Abschließend noch eine Frage: Können Sie uns drei Webseiten nennen, die Sie regelmäßig besuchen?**

FAZ.net, wenn ich mich über aktuelle Nachrichten informieren möchte. lemagazinedouble.com, wenn ich Inspiration suche und komoot.de, wenn ich die nächste Tour auf dem Rennrad plane.

Gregor Ade ist Managing Partner der Peter Schmidt Group, einer der Top 3 Marken- und Designagenturen in Deutschland. Zuvor arbeitete er bei der Peter Schmidt Group als Creative Director und war Mitgründer des Büros ade hauser lacour kommunikationsgestaltung, das er acht Jahre als geschäftsführender Gesellschafter leitete. Gregor Ade ist Vorstandsmitglied im Deutschen Designer Club, Mitglied im Art Directors Club und passionierter Rennradfahrer.

Die **Peter Schmidt Group** verbindet fundierte Strategieberatung mit exzellentem Design, Markenimplementierung und Brand Management. Seit 1972 hat die Peter Schmidt Group so zahlreiche Ikonen erschaffen, die im Alltag präsent sind – zum Beispiel Continental, HUGO BOSS, The Linde Group, Postbank, REWE Feine Welt, Schüco und Weleda. Das Portfolio der Agentur umfasst dabei das gesamte Markenerlebnis: Vom Corporate Design über Corporate Naming & Wording, Digital Branding und Motion Design bis hin zu Brand Spaces und Packaging Design. Rund einhundertfünfzig Auszeichnungen in den vergangenen Jahren belegen die herausragende Qualität der Arbeiten.

Links
▸ **www.peter-schmidt-group.de**

★ INTERVIEW | **JENS GREFEN** | INTERBRAND

JENS GREFEN
INTERBRAND

Im Gespräch mit dem Creative Director von Interbrand.

Jens Grefen, Sie sind Creative Director bei Interbrand. Was umfasst das Leistungsspektrum der Agentur eigentlich genau?
Im weitesten Sinne verstehen wir uns als „Full-Service Agentur" rund um das Thema Marke. Das reicht von der Strategie- und Positionierungsarbeit, der Gestaltung eines Gesamtauftritts sowie sämtlicher Kontaktpunkte, bis hin zu klassischem Brand Management, der Vermittlung der Marke nach innen und außen, Unterstützung bei der Implementierung – und natürlich auch dem Thema Markenbewertung.

Was unterscheidet die Agentur von Mitbewerbern? Was zeichnet sie Ihrer Meinung nach aus?
Neben unseren erstklassigen gestalterischen und strategischen Leistungen glaube ich tatsächlich der ganzheitliche Ansatz an das Thema und unser Verständnis, mit unserer Arbeit immer unternehmerischen Wert zu schaffen, den wir, mit Hilfe der Markenbewertung, übrigens auch nachverfolgen und beziffern können. Nicht umsonst ist unser Ranking der „Best Global Brands" nach dem „Fortune 500" und dem „Best companies to work for" das drittmeist beachtete Ranking bei CEOs weltweit.

Welche Trends und Entwicklungen spüren Sie aktuell im Bereich der Markengestaltung?
Die gute Nachricht vorneweg: Marke ist und bleibt wichtig. Die Herausforderungen an die Markenführenden wachsen aber. Markenmanagement ist heutzutage mehr als die klassische einkanalige Beschallung, geliebte Marken interagieren heute ganz anders mit ihren Kunden, Partnern, und Mitarbeitern. Das Markenmanagement wird komplexer, weil ein Ordner mit Guidelines oder ein CI-Net alleine nicht mehr reicht, um ein Markenerlebnis zu schaffen. Der Kunde, egal ob wir von einer B2C oder B2B Marke sprechen, möchte mitbestimmen wo es langgeht. Darauf müssen Marken heute eine Antwort haben. Und die Antwort ist nicht das Facebook oder Twitter-Profil, es ist das Kuratieren und das inhalts- und erlebnisorientierte Markenmanagement mit hoher Flexibilität. Das fällt vielen Unternehmen noch schwer, aber glücklicherweise gibt es ja uns.

In Ihrer Laufbahn haben Sie inzwischen zahlreiche Projekte umgesetzt. Können Sie uns Cases nennen und beschreiben, auf die Sie besonders stolz sind?
Ich bin immer dann stolz auf unsere Arbeit, wenn wir es geschafft haben, für und mit den Kunden etwas zu kreieren, auf das sie stolz sind. Da uns das meistens gelingt, wüsste ich jetzt nicht ein besonderes Projekt hervorzuheben. Ob es das Schaffen einer neuen Touristikmarke wie der DER Touristik ist, die Chance, dem Flughafen München ein neues Gesicht zu geben oder einer Porzellanmanufaktur zu einem geschärften Markenauftritt zu verhelfen – alles hat immer seinen Reiz. Das Verstehen und das Abtauchen in die Welt des Kunden ist dabei für mich das allerwichtigste. Ich glaube nur dann können wir als Team auch wirklich relevante und substantielle Arbeit abliefern. In sofern bin ich immer stolz, wenn das gelingt.

Vervollständigen Sie bitte: Man sollte Interbrand beauftragen, wenn …
… man seine Marke als Unternehmenswert pflegen und wachsen lassen möchte. Oder anders formuliert: Jeder, der an „Creating and managing brand value" Interesse hat, sollte mal mit uns reden. Im Idealfall nicht erst dann, wenn er ein Problem hat, egal ob gestalterischer oder strategischer Art.

Gibt es eine Marke, für die Sie liebend gerne einmal arbeiten würden? Falls ja, für welche und weshalb?
Da ich selber ein ziemlicher Musik-Nerd bin, würde ich gern mal für eine Gitarrenmarke arbeiten wie Gibson oder Fender. Tolle Produkte, tolle Marken mit hoher Identifikation beim Kunden.

Wie empfinden und bewerten Sie die deutsche Kreativbranche (auch im internationalen Vergleich)?
Ich empfinde sie als auf einem guten Weg. Was die Gestaltung angeht, sind wir dabei, die typisch deutschen Design-Tugenden mit der Lässigkeit anderer Nationen zu mischen. Manchmal wünschte ich mir etwas mehr Mut von unseren Kunden, auch mal ungewöhnliche Lösungen umzusetzen. Die Niederländer oder die Engländer sind da meiner Meinung nach etwas weiter. Alles in allem liegt es aber ja an uns, den weiteren Weg zu gestalten mit und für unsere Kunden. Auf den Weg freue ich mich.

Interbrand hat 3 Standorte in Deutschland, Sie arbeiten von Köln aus. Was schätzen Sie sowohl beruflich als auch privat an der Stadt?
Beruflich bin ich zwar in Köln beheimatet, arbeiten tue ich aber genauso in Berlin oder Hamburg, oder wo der Kunde daheim ist. In sofern begreife ich mich eher als „von Deutschland aus" arbeitend, wobei selbst das zu kurz gesprungen wäre, wenn wir im Netzwerk global Kunden betreuen. Privat – Köln hat eine gute Größe, die Menschen hier sind offen, ehrlich und direkt, ohne unfreundlich zu werden. Das mag ich, was wohl auch an meiner Herkunft aus dem Ruhrgebiet liegen kann.

Wie und wo sehen Sie Interbrand in ein paar Jahren? Welche Ziele verfolgen Sie?
Da, wo wir jetzt auch sind – als die führende Agentur rund um das Thema Branding. Sicher wird sich unser Angebotsportfolio verändern, da wir natürlich genauso auf den Markt reagieren müssen wie die Kunden, die wir beraten. Was das genau heißt müssten sie mich in ein paar Jahren nochmals fragen. Mit unseren Kompetenzen und der Expertise der letzten 40 Jahre sind wir da glaube ich ganz gut aufgestellt, diesen Weg erfolgreich weiter zu gehen.

Abschließend noch eine Frage: Können Sie uns drei Webseiten nennen, die Sie regelmäßig besuchen?
SpOn, underconsideration.com, ultimate-guitar.com.

Jens Grefen ist Creative Director bei Interbrand und hat mehr als 10 Jahre Erfahrung in der Entwicklung und Führung von Marken. Nach seiner Studienzeit an der Fachhochschule Dortmund und der Academy of Arts in San Francisco arbeitete er für kleinere Design-Agenturen, bevor er 2004 zu Interbrand kam. Im Verlaufe seiner Karriere hat er die Erscheinungsbilder verschiedenster Unternehmen mitgeprägt und entwickelt.

Links
▶ **www.interbrand.com**

**SELECTION 2014/2015
GERMANY'S FINEST AGENCIES**

3st kommunikation

Anschrift	3st kommunikation GmbH Taunusstraße 59-61 55120 Mainz
Fon	(0 61 31) 499 61-0
Fax	(0 61 31) 499 61-33
Mail	info@3st.de
Web	www.3st.de
Kontakt	Thilo Breider Florian Heine Marcel Teine
Spektrum	Kommunikation in vier Dimensionen: Image Branding Corporate Publishing Reporting Interactive Design
Philosophie	Um das Einzigartige einer Marke zu entdecken, gehen wir den Dingen unbeirrbar auf den Grund. Man muss Bestehendes hinterfragen, einfallsreich und hartnäckig sein, um Neues zu entdecken und das Wesentliche freizulegen. Das ist unsere Aufgabe, der wir uns mit Begeisterung, kreativen Konzepten und Liebe zum Design täglich stellen.
Referenzen	ANDREAS STIHL AG & Co. KG B. Braun Melsungen AG Bayer AG Beiersdorf AG CLAAS KGaA mbH Coca-Cola Erfrischungsgetränke AG Commerz Real AG Dürr AG ElringKlinger AG FUCHS PETROLUB SE Landesbank Hessen-Thüringen Helaba HELLA KGaA Hueck & Co. MorphoSys AG NORMA SE Osram Licht AG Schott AG SCHUFA Holding AG Symrise AG TUI AG Volkswagen AG ZDF Enterprises GmbH Zumtobel AG
Awards	1x Silber Best of Corporate Publishing 2014 4x iF communication design award 2014 11x ARC Awards 2014 15x LACP Vision Awards 2013 2 Nominierungen zum German Design Award 2015 2 Nominierungen bei den PrintStars 2014

Spannende Kommunikation beginnt mit **Neugierde.**

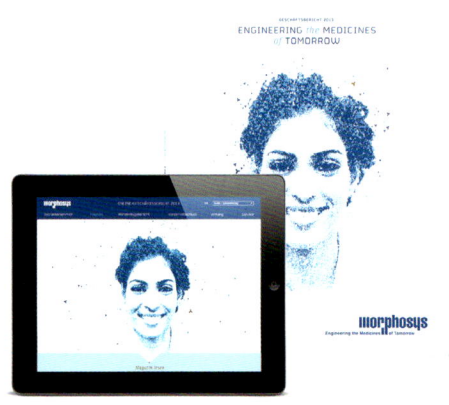

GESCHÄFTSBERICHT (PRINT & APP)
MORPHOSYS

GESCHÄFTSBERICHT & MAGAZIN
VOLKSWAGEN

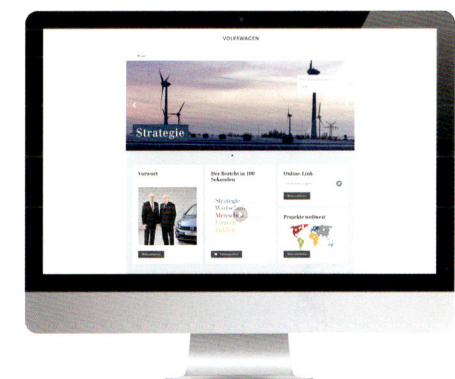

CORPORATE MAGAZINE
HELLA

WEB APPLICATION
B. BRAUN

UNTERNEHMENSBERICHT
SCHUFA

CSR-BERICHT
VOLKSWAGEN

www.3st.de

act&react Werbeagentur

Anschrift act&react Werbeagentur GmbH
Kronprinzenstraße 105
44135 Dortmund

Fon (02 31) 91 45 89-0
Fax (02 31) 91 45 89-99
Mail info@act-and-react.com
Web www.act-and-react.com

Kontakt Thomas Szabo

Spektrum Neues Denken.
Marke, Idee, Konzept, Design –
über alle Medien und Kanäle

Philosophie Agieren und reagieren:
Ein Ziel, das starke Ideen braucht. Kopf und Herz.
Für neue Perspektiven, exquisites Design und relevante Botschaften. Reduziert auf das Wesentliche, authentisch, erfolgreich. Und vor allem: begehrenswert.

Dabei gilt:
Es gibt weder kleine noch große Aufgaben.
Wir sind Impulsgeber, fragende Experten, erfahrene Spezialisten. Einfühlsam, kreativ, bodenständig.

Das Resultat:
Kostbare kommunikative Momente:
Wahrnehmung, Anregung und Reaktion.

Referenzen Agentur für Arbeit
AOK Westfalen-Lippe
Astellas Pharma
Commerzbank
Dentona
Flughafen Dortmund
Galert Bielefeld Architekten
IHK zu Dortmund
jCatalog Software
Jobcenter Dortmund
Metaq GmbH
Nycomed Pharma
Scheu Dental
Snow Dome
Sparkasse Dortmund
Straßen.NRW
Theater Dortmund
ThyssenKrupp Uhde
Wikinger Reisen
u. v. a.

Awards 2010-2014:
über 30 nationale und internationale Auszeichnungen:

ADC, Designpreis Deutschland, Deutscher Städtebaupreis, DMMA Onlinestar, Econ Award, European Design Award, German Design Award, Good Design Award, iF communication design, Jahr der Werbung, red dot design …

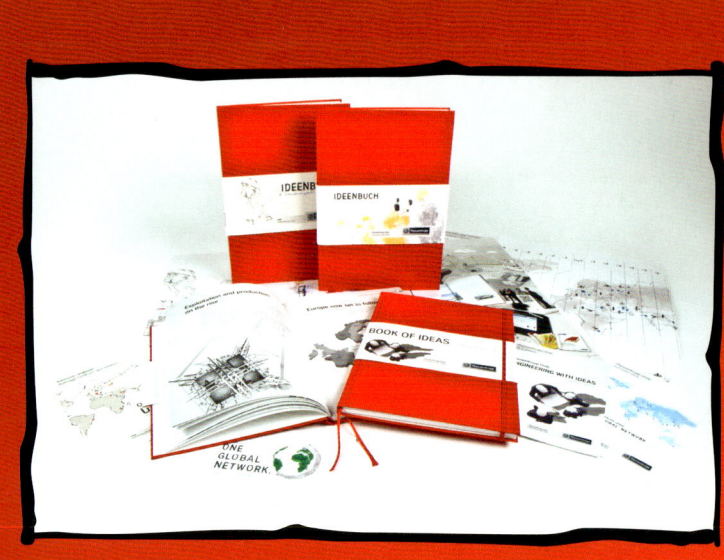

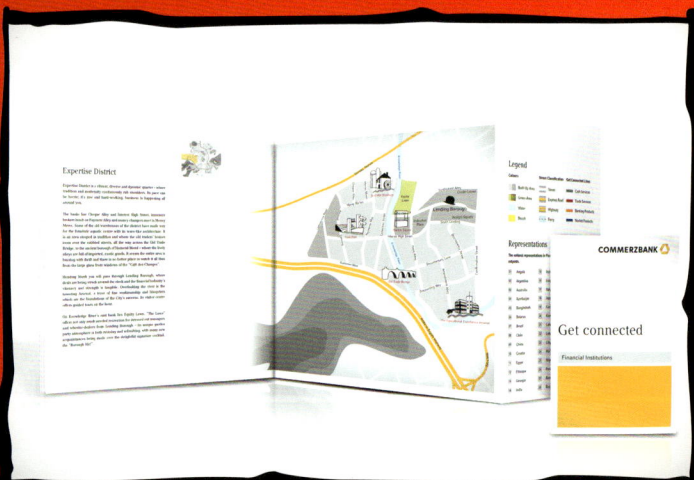

Frische Ideen KOMMEN nicht aus der Dose!

AGENTUR RICHTER

Anschrift AGENTUR RICHTER
WERBEAGENTUR GMBH
Landwehrstraße 37 Rgb
80336 München

Fon (0 89) 54 49 16 11
Fax (0 89) 54 49 16 16
Mail contact@agentur-richter.com
Web www.agentur-richter.com

Kontakt Alexandra Richter

Spektrum B-to-B-und B-to-C Kommunikation
Markenauftritte
Marktneueinführungen
Handelsmarketing
Websites, Onlinewerbemittel, Social Media Aktionen
POS-Marketing, POS-Kommunikation
Messe- und Eventkommunikation
PR-/Unternehmenskommunikation
Corporate Design
Direct Marketing

Philosophie BEKANNTHEIT IST NICHTS.
BEGEHRLICHKEIT IST ALLES.

Referenzen MODE / SPORT / LIFESTYLE
adidas
Pearl Izumi
Polo Ralph Lauren
More & More
MAC
Piu di Servas Schuhe
Reebok
Head Sportswear
DuPont, Polartec
Vaude
Wolford

RETAIL
Engelhorn
Sport Conrad
LODENFREY

MEDIEN / IT
Radio Energy
2K Media
Packard Bell
SynerTrade
Sony

TECHNIK / AUTOMOTIVE
Audi, BMW, Landrover, Toyota
BDLI Raum- und Luftfahrt

KULTUR / SOCIAL
Tonspuren
Greenpeace

GESUNDHEIT / FOOD
phi - Pro Health Institut
SpineMED, Therasport
Knorr Unilever
Danone

Awards Jahrbuch der Werbung 2000-2013
6x New York Festivals
2x red dot

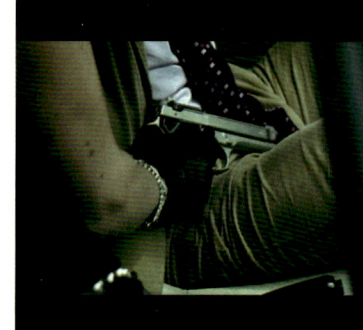

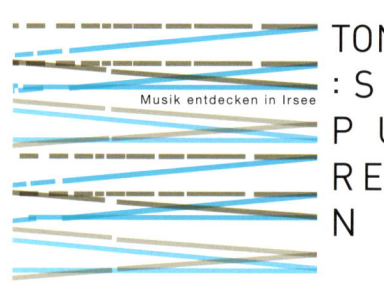

BEKANNTHEIT IST NICHTS.
BEGEHRLICHKEIT IST ALLES.
SEIT 22 JAHREN.

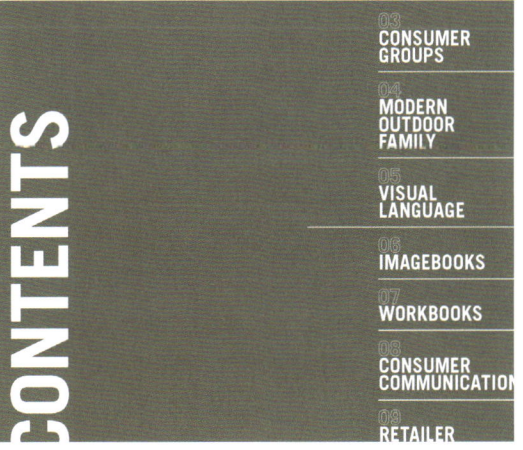

AGENTUR-RICHTER.COM

Agonist media

Anschrift	Agonist media GmbH
	Hanauer Landstraße 114
	60314 Frankfurt am Main
Fon	(0 69) 76 80 74-0
Fax	(0 69) 76 80 74-29
Mail	save-my-campaign@agonist.com
Web	www.agonist.com
Kontakt	Dr. Eltahmash Israr
Spektrum	Design
	Kommunikation
	Beratung
Philosophie	A COMES FIRST
Referenzen	Audi
	Deutsche Bank
	Deutsche Fussball Liga
	Max-Planck Institute
	Misr Bank - Europe
	Nintendo
	Pfizer
	Puma
	Radeberger
	Republic of Contemporary .Design
	Sanofi
	Signal Iduna
	Vodafone
Awards	DDC Deutscher Designer Club
	Designpreis der Bundesrepublik Deutschland (Nominee)
	Red dot design award
	Stiftung Buchkunst

LOGO AND CLAIM

RESPONSIVE WEBSITE

ICONS

PLANNING & DESIGN   LIVING ROOM   DINING ROOM   OUT DOOR   BED ROOM

CLIENT	REPUBLIC OF CONTEMPORARY .DESIGN	LOCATION	EUROPA-ALLEE 55, 60327 FRANKFURT	© 2014 AGONIST MEDIA GMBH
PROJECT	ROC.D THE FLAGSHIP STORE	PROJECT TYPE	CORPORATE IDENTITY	WWW.AGONIST.COM

BUSINESS CARDS

VEHICLE ADVERTISEMENT

PHOTOSHOOTING FOR SALES ADVERTISEMENT AND IMAGE CAMPAIGN

APP-DESIGN MENU FOR BEVERAGES

WORK SPACE

BATH ROOM

KITCHEN & MORE

ENTER TAINMENT

WALL COVERING

FLOOR COVERING

LIFE STYLE

AniManual – kreative Erklärvideos

Anschrift c/o nutcracker webvideo communication
Cassellastraße 30-32
60386 Frankfurt

Fon (0 69) 90 43 74 67
Mail info@nutcracker-concepts.de
Web www.animanual.de
www.nutcracker-concepts.de

Kontakt Klaus Schwope
(Inhaber/Creative Director)

Spektrum Konzeption & Produktion von animierten Webvideos
(u. a. Erklärvideos, Corporate Videos, Viralvideos,
Produktvideos, Salesvideos, Eventvideos, Messevideos)

Referenzen Ackerhelden GmbH
Advocard Rechtschutzversicherung AG
ARD-Werbung Sales & Services GmbH
AXA Investment Managers Deutschland GmbH
Daniel Swarovski Corporation AG
Deutsche Bausparkasse Badenia AG
Deutsche Vermögensberatung AG
Immowelt AG
Linde AG
Lufthansa Cargo AG
Lufthansa Technik AG
Lufthansa Airplus Servicekarten GmbH
Robert Bosch GmbH
S. FISCHER Verlag GmbH
Verband Deutscher Maschinen- und Anlagenbau e. V.
VIVA Familienservice GmbH

Awards Best of Corporate Publishing
Deauville Green Award
Credential Award
Deutscher CSR Preis
Jahrbuch der Werbung
Buchmarkt Award
Frankfurter Gründerpreis

Manual

Erklär-Videos

BASIC-UNIT

Anschrift
BASIC-UNIT GmbH
Reichspräsidentenstraße 21-25
45470 Mülheim an der Ruhr

Fon (02 08) 77 72 45-30
Fax (02 08) 77 72 45-59
Mail info@basic-unit.de
Web www.basic-unit.de

Kontakt Jörg D. Eckermann

Spektrum
Strategische Beratung
Entwicklung von Marketingstrategien
Neuromarketing
Namensentwicklung
Corporate Identity
Corporate Design
POS-Kommunikation

Philosophie Wir sind die Erfolgsgestalter®, wir entwickeln kreative und strategische Marketingstrategien, die Sie langfristig erfolgreich und verführerisch machen. Dass wir kreativ, leidenschaftlich, neugierig, erfahren, zielorientiert, partnerschaftlich, effizient und vernetzt sind, ist kein Marketinggeschwätz, sondern die knallharte Wahrheit.

BASIC-UNIT ist Ihre Agentur für strategische und kreative Kommunikation.

Referenzen
Danfoss
Hilding Anders
TSTG Schienetechnik
voestalpine
Volksbank Rhein-Ruhr
SeeTec
PIT
Onventis
Jensen Beds
Carpe Diem Beds
Bollfilter
Kitzki Consultants
Nord-Micro
EBIA

Appetit auf Erfolg?

BASIC UNIT

Wir servieren Ihnen die richtige Strategie und wissen, wo die Möhre hängen muss, damit Ihre Kunden anbeißen und Sie mehr verkaufen. Eine Kostprobe gefällig?

Betty und Betty

Anschrift	Betty und Betty
	Kölner Straße 365
	40227 Düsseldorf
Fon	(02 11) 56 67 31 00
Fax	(02 11) 56 67 31 05
Mail	post@bettybetty.de
Web	www.bettybetty.de
Kontakt	Matthias Berghoff
Spektrum	Branding
	Corporate Design
	Digital Design
	Editorial Design
	Exhibition Design
	Informationsdesign
	Urban Design
	Beratung / Strategie
	Markenentwicklung
	Interne Kommunikation
Philosophie	Betty und Betty ist ein interdisziplinäres Büro für Strategie, Design und Kommunikation.
Referenzen	www.bettybetty.de/portfolio
Awards	www.bettybetty.de/buero

… machen
…ntitäten
…htbar.

Betty und Betty

brand.david

Anschrift	brand.david Kommunikation GmbH Nymphenburger Straße 86 80636 München
Fon	(0 89) 12 71 07-0
Fax	(0 89) 12 71 07-10
Mail	info@brand-david.de
Web	www.brand-david.de
Kontakt	Zeljko Ratkovic
Spektrum	Markenberatung Corporate Design Klassische Kommunikation Dialogmarketing Literatur POS/Handelsmarketing Internet Events & Promotions
Philosophie	Wir schärfen ein Marken- oder Produktprofil so lange, bis es sich in der großen Informationsflut eindeutig vom Wettbewerb abhebt. Dabei navigieren wir sicher und zielgerichtet durch alle relevanten Kommunikationskanäle – mit überzeugenden Konzepten und maßgeschneiderten Werbeformen, die ein Produkt oder Unternehmen wirklich puschen. Analog, digital oder viral: Im Fokus liegt immer der langfristige Erfolg unserer Kunden.
Referenzen	BMW BMW M BOGNER BSH Bosch und Siemens Hausgeräte Business Location Südtirol bulthaup Café de Guatemala Commerz Finanz Frauennotruf FÜNF HÖFE Hofstatt Langenscheidt Linde Gas Lufthansa Miles & More Credit Card M.A.X. Automation Messe München International MINI Onkyo Europe Spotlight Verlag Stiebner Verlag Steelcase
Awards	Berliner Type Designpreis der Bundesrepublik Deutschland European Design Festival IF Communication & Design Internationale Kalenderschau Jahrbuch der Werbung Munich Airport Award New York Festival red dot

brand.david

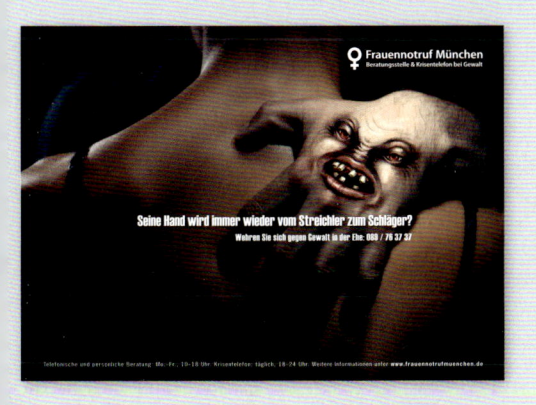

brand revolutions

Anschrift	brand revolutions GmbH
	Kirchfeldstraße 111
	40215 Düsseldorf
Fon	(02 11) 41 66 53 71
Fax	(02 11) 41 66 53 79
Mail	tomczyk@brand-revolutions.de
Web	www.brand-revolutions.de
Kontakt	Martin Tomczyk

Spektrum
Verpackungsdesign
(von Marken & Handelsmarken)
Produkt Design
Brand Design
Brand Identity
Corporate Design
Corporate Identity
Strategische Markenberatung
Markenentwicklung
Sortimentsentwicklung & -gestaltung
Handelswerbung
POS-Konzeption & -Gestaltung
Naming & Claim

Philosophie
Package Design und Brand Design im Zeichen des Wandels – Ihre eigene Revolution.

Eine neue Marke oder ein Relaunch gehen immer mit Veränderungen und einem Wechsel einher. Der Markt, der Konsument, der Wettbewerb und auch das eigene Unternehmen befinden sich ebenfalls in einem kontinuierlichen Prozess der Veränderung.

Diesem Prozess wird die brand revolutions design agency gerecht und begleitet Sie mit Kreativität und Perfektion auf Ihrem Weg des Wandels zu individuellen, maßgeschneiderten und eindrucksvollen Lösungen und Designs.

brand revolutions

design agency

Büro Grotesk

Anschrift	Büro Grotesk
Wissmannstraße 15
40219 Düsseldorf
Fon	(02 11) 137 27 96
Fax	(02 11) 137 27 97
Mail	gutentag@buero-grotesk.de
Web	www.buero-grotesk.de
Kontakt	Helen Hacker
Spektrum	Corporate Identity, Corporate Design, Web Design, Exhibition Design, Editorial Design, Broschüren, Bücher, Magazine, Kataloge, Geschäftsberichte, Poster, Wertpapiere, Leitsysteme, Verpackung, …
Referenzen	Anovia AG, Bernd M. Michael, Bertelsmann Stiftung, Regina Dahmen-Ingenhoven, Deutschkontrolle, Düsseldorfer Schauspielhaus, Ehrenhof Düsseldorf, E.ON, Genusshandwerker, Ideo, Ingenieurakademie West e. V., Ingenieurkammer-Bau NRW, Kunsthalle Düsseldorf, Kunstverein Region Heinsberg, Ministerium für Bauen und Verkehr des Landes Nordrhein-Westfalen, MMacarons, NDF, Rheingold Institut, Rheingold Salon, Vogt und Vogt Architekten, Weng Fine Art, …
Awards	ADC Deutschland
ADC New York
Berliner Type
Deutscher Preis für Kommunikationsdesign
Deutscher Plakat Grad Prix
TDC NY
100 beste Plakate

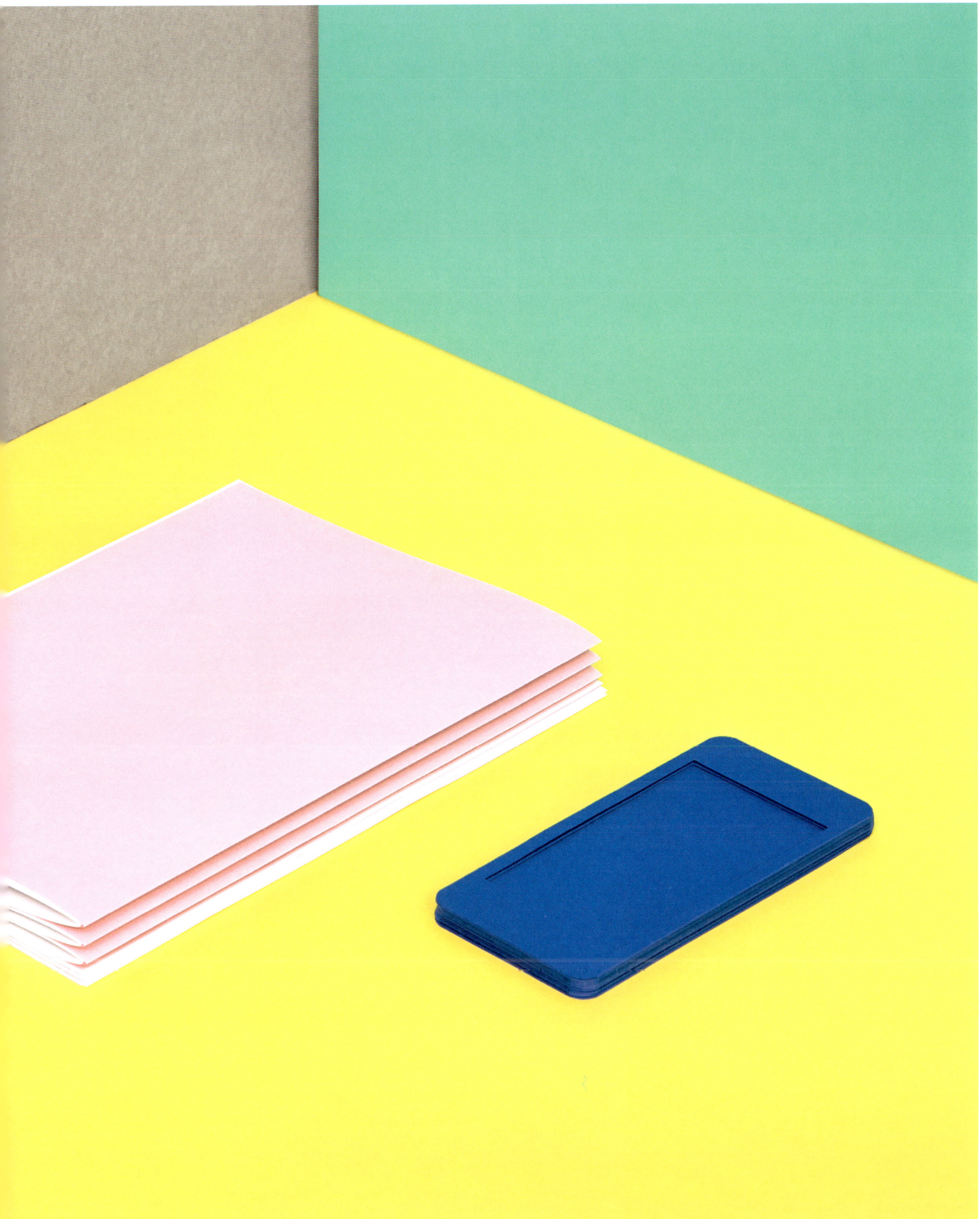

Bureau BLEEN

Anschrift Bureau BLEEN
Von-Lohe-Straße 7
51063 Köln

Fon (02 21) 29 99 11 62
Mail mail@bureaubleen.com
Web www.bureaubleen.com

Kontakt Peter Pasalk

Spektrum Bureau BLEEN entwickelt Erscheinungsbilder und Markenkommunikation an den Schnittstellen von Technik, Funktion und Ästhetik.

Brand Identity
Corporate Design
Digital Branding
UI/UX Design

Beratung
Konzept
Gestaltung
Realisation
Begleitung

Referenzen 3F Design Architecture
Content & Container
BuckaneerMerch
Galerie Werft 11
Henrich & Denzel, Platinum & Diamonds
Jumpage Deine Netzwerkprofile als geniale Website
Niessing Manufaktur
Niessing Schmuck-Kooperation
Rocmedia Berlin
Schmalen Versorgungstechnik
Welcome Home Music

Awards iF communication design award
red dot communication design award
German Design Award Nominee

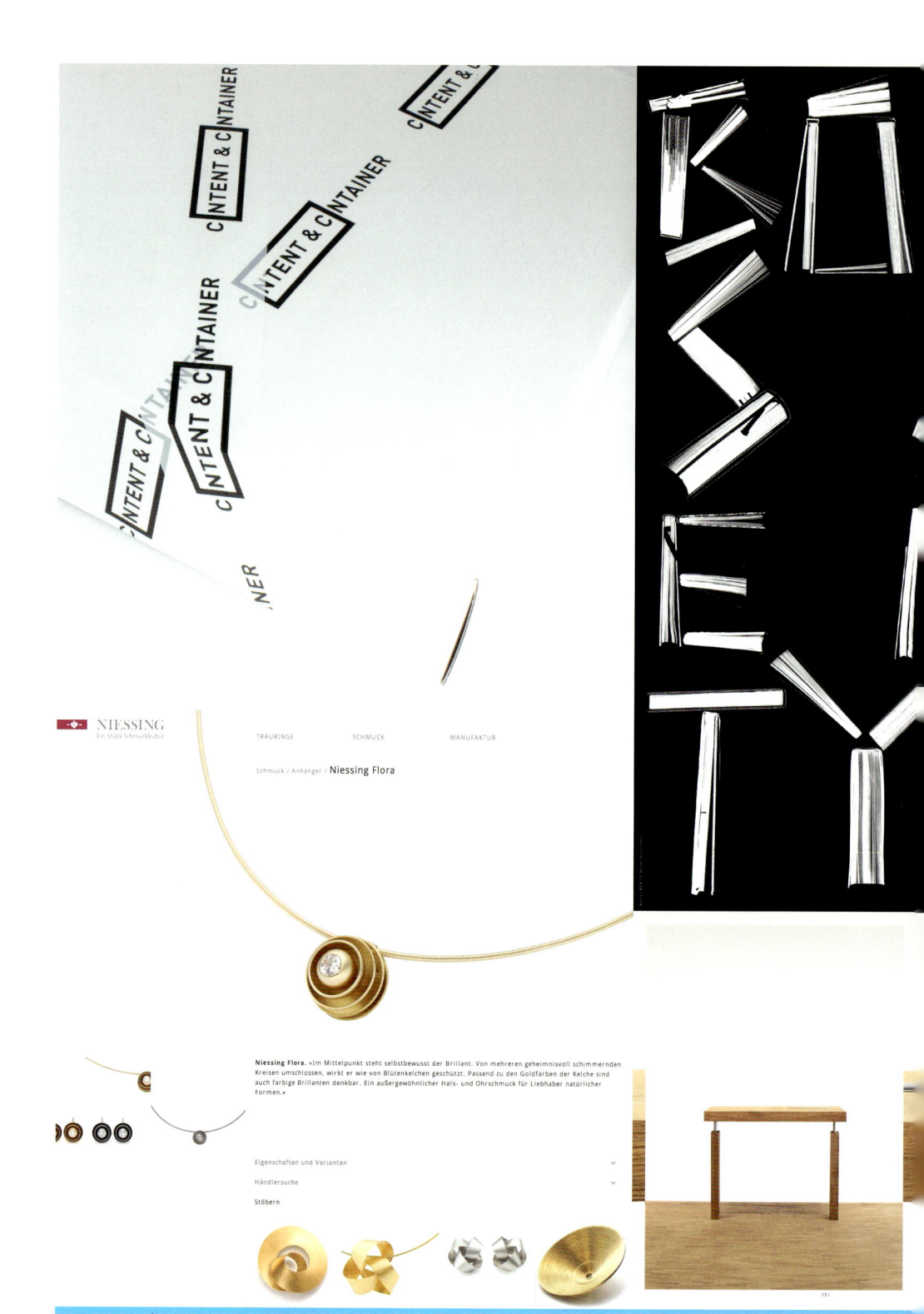

The *CONTENT & CONTAINER* Pop-up-Store

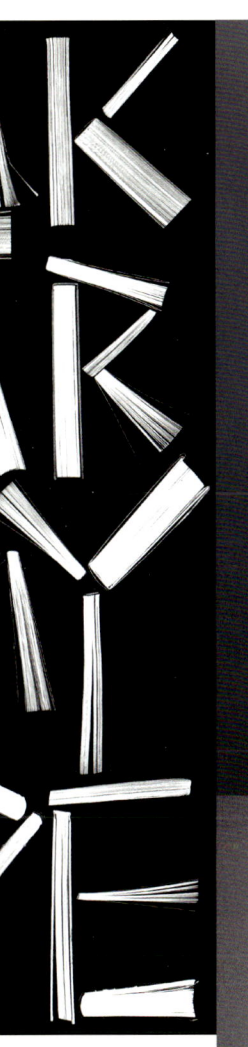

PATRICK SOMMER

H|D
HENRICH & DENZEL

Die Begeisterung für Platin legte das Fundament für das internationale Schmuckunternehmen. / The enthusiasm for platinum laid the groundwork for the founding of the internationally renowned jewellery company.

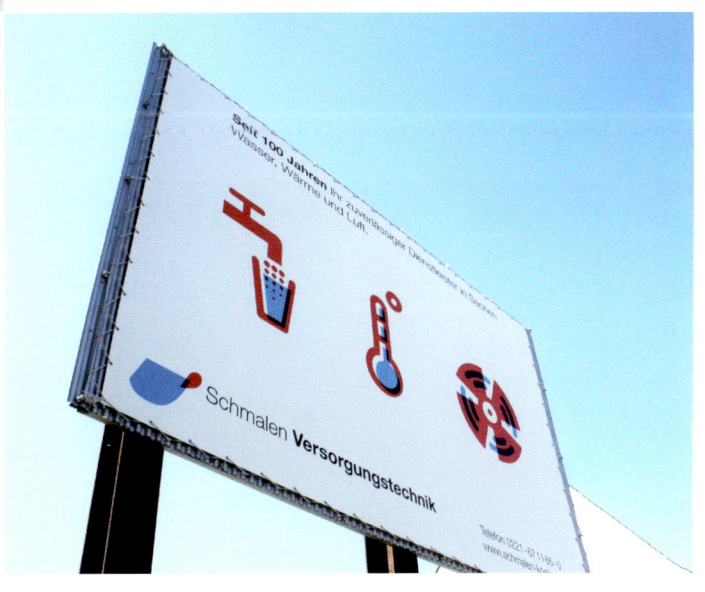

C&N

Anschrift C&N Design-Agentur GmbH
Wiesenau 27-29
60323 Frankfurt

Fon (0 69) 17 00 85-0
Fax (0 69) 17 00 85-20
Mail info@c-u-n.de
Web www.c-u-n.de

Kontakt Isolde Casper
Kurt Nussbächer

Spektrum Packungs Design
Corporate Design
Corporate Identity
Verkaufsförderung
Handelswerbung

Packaging Design
Corporate Design
Corporate Identity
Sales Promotion
Trade Advertising

Philosophie Eine gute Verpackung ist mehr als ein Karton. Sie ist der beste Verkäufer. Schon deshalb muss man sie gut pflegen. Denn wer ein tolles Produkt hat, sollte es auch entsprechend präsentieren. Wir haben das Glück für Kunden zu arbeiten, die das genau so sehen und sehr viel Wert auf gutes Design legen. Vielleicht haben wir deshalb so viel Spaß an unserer Arbeit und so zufriedene Kunden. Wenn wir auch für Sie und Ihre Marke etwas tun können, rufen Sie uns an.

Good packaging is more than a cardboard box. It is the best salesman. For that reason alone it has to be taken good care of. If you have an amazing product you should also present it the right way. We are in the fortunate position to work for customers who think the same way and who attach great importance to good design. Maybe this is the reason why we enjoy our work so much and have so satisfied customers.
Just call us, if we can do something for you and your brand.

Referenzen Ferrero Küsschen
Raffaelo
Die Besten
Kinderschokolade
Bama
Kiwi
Tana
Käserei Champignon
Cambozola
Rougette
Champignon Camembert
Fitaki
St. Mang
Germil

Team INNO
KNOWHO
Idee Könner
Neuhei
Machba

Weitsicht

VATION   Mitdenken
         Motivation   Wissen
KREATIVITÄT
N   Vision
    Neu

eit

Dummybau

C&N
MARKETING & PACKAGEDESIGN

cantaloop

Anschrift	cantaloop GmbH Böningerstraße 40 47051 Duisburg
Fon	(02 03) 98 71 75-10
Fax	(02 03) 98 71 75-99
Mail	info@cantaloop.de
Web	www.cantaloop.de
Kontakt	Tom Hoffmann (Geschäftsführender Gesellschafter) Kristina Müller-Kobiela (Beratung) Frank Horn (Beratung)
Spektrum	Corporate Design Packaging Design Brand Strategy Naming b2b und b2c Communication 360° Marketing Online Communication Social Media SEO/SEM
Philosophie	Wir sind Kommunikation.

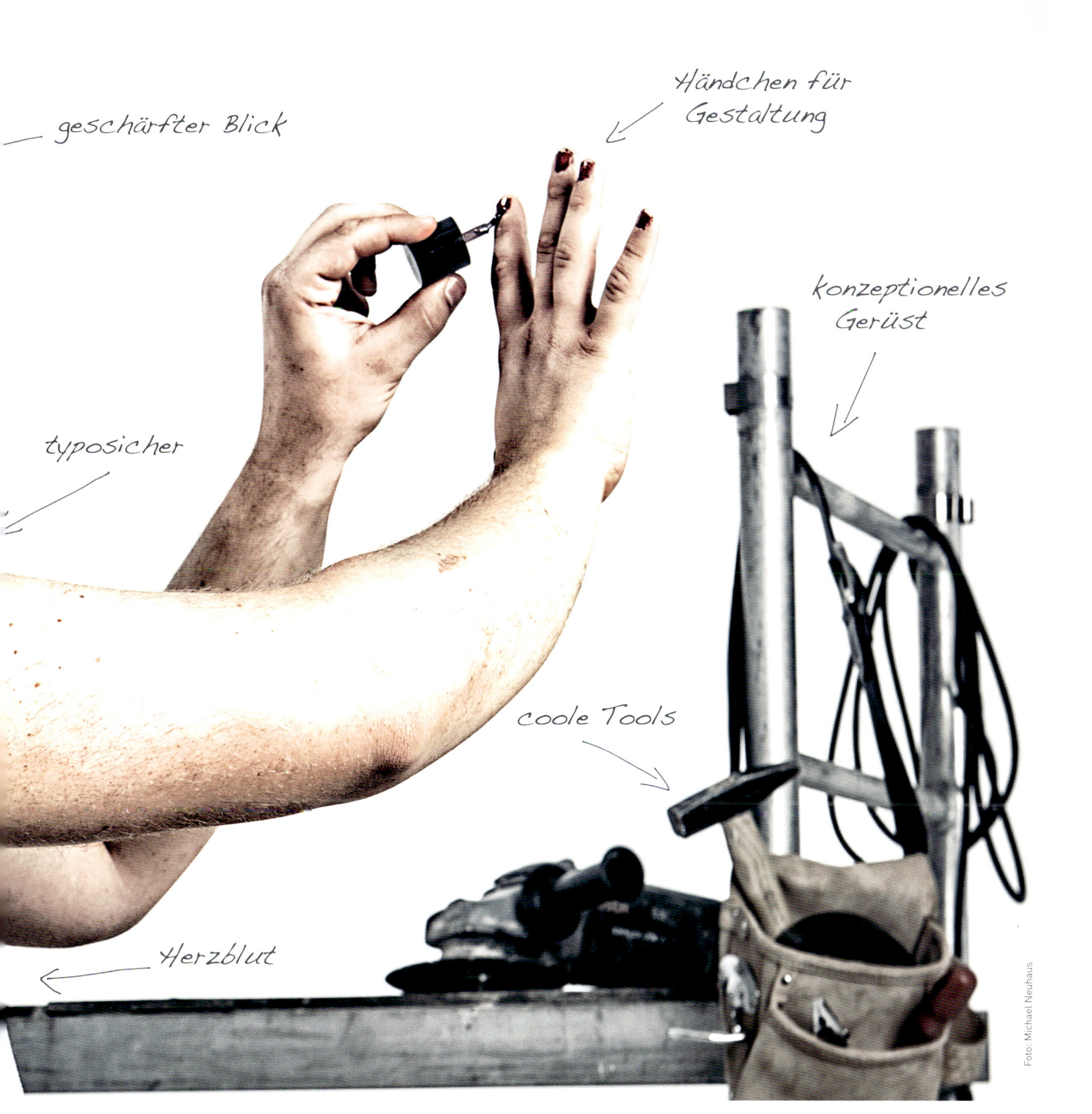

Wir sind Kommunikation.

Händchen für Gestaltung

geschärfter Blick

konzeptionelles Gerüst

typosicher

coole Tools

Herzblut

Foto: Michael Neuhaus

Clormann Design

Anschrift Clormann Design GmbH
Quellenweg 4
86929 Penzing

Fon (0 81 91) 970 45-0
Fax (0 81 91) 970 45-11
Mail marc.clormann@clormanndesign.de
Web www.clormanndesign.de

Kontakt Marc M. Clormann
Dipl. Industrial Designer (FH)
Dipl. Kommunikationsdesigner (FH)

Spektrum Clormann Design ist eine inhabergeführte Designagentur im Westen von München. Sieben Mitarbeiter gestalten und inszenieren Produkte sowie Marken mit viel Leidenschaft und produzieren mit höchstmöglicher Qualität. Egal ob es sich dabei um Corporate Design, Packaging, Messearchitektur, Eventgestaltung oder Onlinekonzepte handelt – Glaubwürdigkeit, Kompetenz und persönliches Engagement prägen die Zusammenarbeit zwischen Kunden, Mitarbeitern und Produktionspartnern. Clormann Design ist klimaneutral zertifiziert.

Referenzen Audi, Dior, Dom Pérignon, Estates & Wines, Fendi, Fedrigoni, Glenmorangie, Gmund, Hennessy, Hermès, Kenzo, Krug, Mini, Moët & Chandon, Paper Pleasure, Patrizia Immobilien, Postgalerie Karlsruhe, Ruinart, Veuve Clicquot, Volkswagen

Awards seit 2010:
Red Dot Award Communication Design 2010
Red Dot Award Product Design 2010
2x IF Award Communication Design 2010
Fedrigoni Top Apllication Award 2010 (silber)
2x Bronze Award Deutscher Designer Club 2011
2x Silber Stuttgarter Kalenderschau 2011
Award of Excellence Stuttg. Kalenderschau 2011
ADC Auszeichnung 2011
ADC Europe Auszeichnung 2011
Nominierung Designpreis der BRD 2011
IF Award Product Design 2011
2x Nominée Designpreis Deutschland 2012
Bronze European Design Award 2012
Bronze Award Deutscher Designer Club 2013
Bronze Award Gregor Calendar Award 2013
2x Finalist European Design Awards 2013
2x IF Award Packaging Design 2013
4x German Design Award Nominée 2014
German Design Award Special Mention 2014
4x IF Award Communication Design 2014
2x IF Award Packaging Design 2014
Type Directors Club New York 2014
3x PrintStars Finalist 2014
9x Nominée German Design Award 2015
2x German Design Award Special Mention 2015
4x Red Dot Award 2014
Red Dot Best of the Best 2014

NEVER BE REGULAR.
www.clormanndesign.de

Colell & Kampmann Design

Anschrift
Colell & Kampmann Design GmbH
Große Elbstraße 212
22767 Hamburg

Fon (0 40) 38 08 21-0
Fax (0 40) 38 08 21-49
Mail ckd@colellundkampmann.de
Web www.colellundkampmann.de

Kontakt Michael Colell

Spektrum
Corporate Design
Packaging Design
Industrial Design

Philosophie
Völlig neue Lösungen auf der Grundlage klassischer Strukturen, das ist unsere Kompetenz und das ist unser Erfolg.

Referenzen
Abraham
Albi
American Pistachio Growers
Beiersdorf
Berlin Chemie
Campbell's
Cedo
Omega Pharma
De-Vau-Ge
Dohrn & Timm
Elbe-Obst
Emig/Refresco
ExecuJet Aviation Group
FrischeParadies
Genuport
Hachez
Hacker-Pschorr
Hafro
hella - Hansa-Heemann AG
Importhaus Wilms/Lacroix
Ludwig Schokolade
Mackenstedter
Mapa
Medice
Paulaner
Pfanner
Pohl-Boskamp
Queisser Pharma
Seeberger
Sunsweet Growers
van Laack
Winzergemeinschaft Franken

COLELL & KAMPMANN

Meditonsin®
TROPFEN

35 g Mischung zum Einnehmen

Mischung zur Anwendung bei Säuglingen ab 7 Monaten, Kindern und Erwachsenen

Wirkstoffe: Aconitinum D5, Atropinum sulfuricum D5 und Mercurius cyanatus D8

DEN MUTIGEN GEHÖRT DIE WELT.*

Anschrift	DEN MUTIGEN GEHÖRT DIE WELT.*
	Werbung & Marketing GmbH
	Lange Reihe 2
	20099 Hamburg
Fon	(0 40) 57 14 88-0
Fax	(0 40) 57 14 88-77
Mail	info@dmgdw.de
Web	www.dmgdw.de
Kontakt	Gerrit Schwerzel
Spektrum	Klassische Kommunikation
	Online-Marketing
	Dialog-Marketing
	Pos-/Vkf-Marketing
	CD-/CI-Gestaltung
	Viral-Marketing
	Namensfindung
	Produktdesign
	Fotoshootings
Philosophie	Den Mutigen gehört die Welt – das bedeutet, Bestehendes in Frage zu stellen und neue Strategien zu entwickeln. Die Marketing- und Vertriebskonzepte, die wir für unsere Kunden umsetzen, haben grundsätzlich nur ein Ziel: zu verkaufen! Und das möglichst effizient, schnell, sympathisch und nachhaltig. Bestimmt haben auch Sie eine Herausforderung für uns: Lernen Sie unser Kompetenz-Team kennen!
Referenzen	Siehe: www.dmgdw.de
Awards	ADC
	Award of Merit
	CREA AWARD
	Deutscher Mediapreis
	SELECTED
	TZ-Kreativ

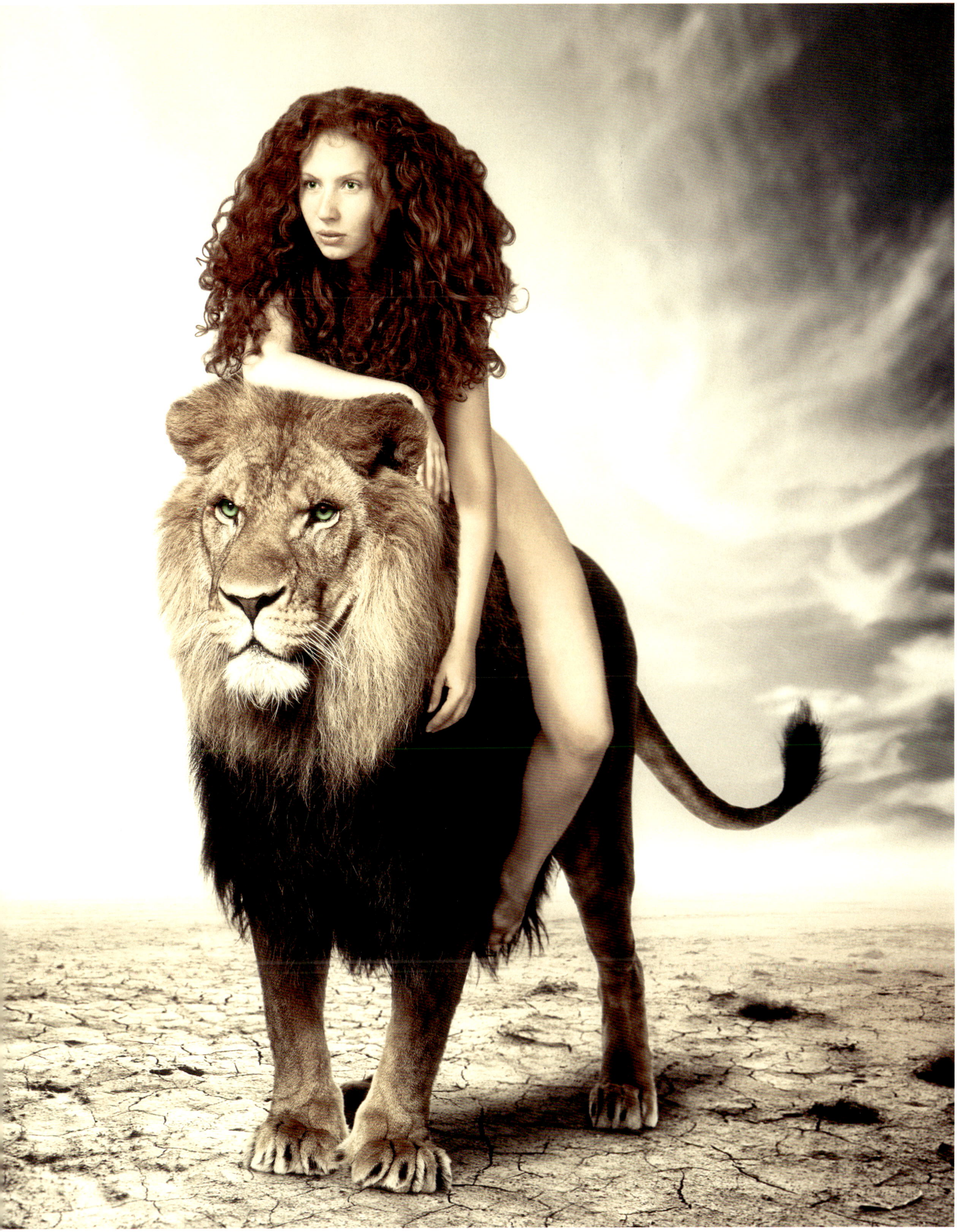

DesignAIR Communications

Anschrift	DesignAIR Communications Sophienstraße 7 10178 Berlin
Fon	(0 30) 50 18 63-25
Fax	(0 30) 50 18 63-30
Mail	welcome@designair.de
Web	www.designair.de
Kontakt	André Kura
Spektrum	Strategie & Konzeption Markenentwicklung Corporate Design Online- und Offline-Kommunikation Werbung Film, Funk, Fernsehen Web- & App-Design Packaging Design
Referenzen	Aukett + Heese Bausch + Lomb (Vivinox) City Clean daGallo Segelbekleidung der Freitag Ereignisschmiede Landessportbund Berlin Hoffmann Dental Manufaktur Olympiastadion Berlin Pokketmixer T2med u. a.

WWW.DESIGNAIR.DE

ERFOLG
STEHT IN DEN STERNEN

NA DANN: AUF GEHT'S!

DESIGNAIR
COMMUNICATIONS

DES WAHNSINNS FETTE BEUTE

Anschrift	DES WAHNSINNS FETTE BEUTE GmbH Strategische Kreativität für Marktführer Am Zollstock 3 57439 Attendorn
Fon	(0 27 22) 63 99-0
Fax	(0 27 22) 63 99-20
Mail	info@fette-beute.com
Web	www.fette-beute.com
Kontakt	Samuel Brangenberg
Spektrum	STRATEGIE – Positionierungsstrategie – Markenpersönlichkeit – Vertriebs- und Mitarbeiteraktivierung IDEE – Markenleitideen – Produktinnovationen – Kampagnen KOMMUNIKATION – Klassische Kommunikation – Digitale Kommunikation – Live Kommunikation
Referenzen	alanod Aluminium-Veredlung Berker Schalter und Systeme Bob & Skeleton WM 2015 easycash Deutschland Eibach Federn FAUN KIRCHHOFF Gruppe Gebr. Kemper Armaturen Hailo Werk HELLA Licht & Elektronik MENNEKES Elektrotechnik Meplan Messe und Kongress Mubea Muhr & Bender KG MVDA, LINDA Apotheken Schäfer Shop SSI Schäfer

DES WAHNSINNS FETTE BEUTE

WANDEL, KOMMUNIKATION, WACHSTUM

DES WAHNSINNS FETTE BEUTE steht für Tiefgang, Freigeist und strategische Intelligenz.

DES WAHNSINNS FETTE BEUTE ist eine Strategieberatung für Markenkommunikation. Mit Einzug in die neue Strategiefabrik Am Zollstock 3 beginnt eine Ära mit weitem Blick auf das Ganze und der Konzentration auf das Wesentliche.

Nur mit Erfassen der Gesamtsituation und freiem Denken entstehen neue, kreative Lösungsansätze, die tatsächliche Engpässe identifizieren und Unternehmer, Kunden und Mitarbeiter nachhaltig glücklich machen.

Wir helfen Unternehmen zu wachsen, Positionen zu sichern, Mitarbeiter zu finden und zu binden, Innovationen zu denken und Wettbewerbsvorteile zu kommunizieren.

Von Holismus geprägt, betrachten wir alle zehn Dimensionen des Marketings und heben umfassend unentdeckte Potentiale. Beseelt vom Goldesel, Feuervogel und der Wollmilchsau entwickeln wir für unsere Kunden Strategien, Ideen und Kommunikation von der Analyse bis zur Umsetzung.

Die Kunden: anspruchsvoll, ehrgeizig, Marktführer. Das Team: beseelt, dazu berufen quer zu denken und zu vernetzen. 37 Strategen, Berater und Kreative setzen strategische Kreativität als Instrument für Wachstum und Zukunftssicherung ihrer Mandanten ein.

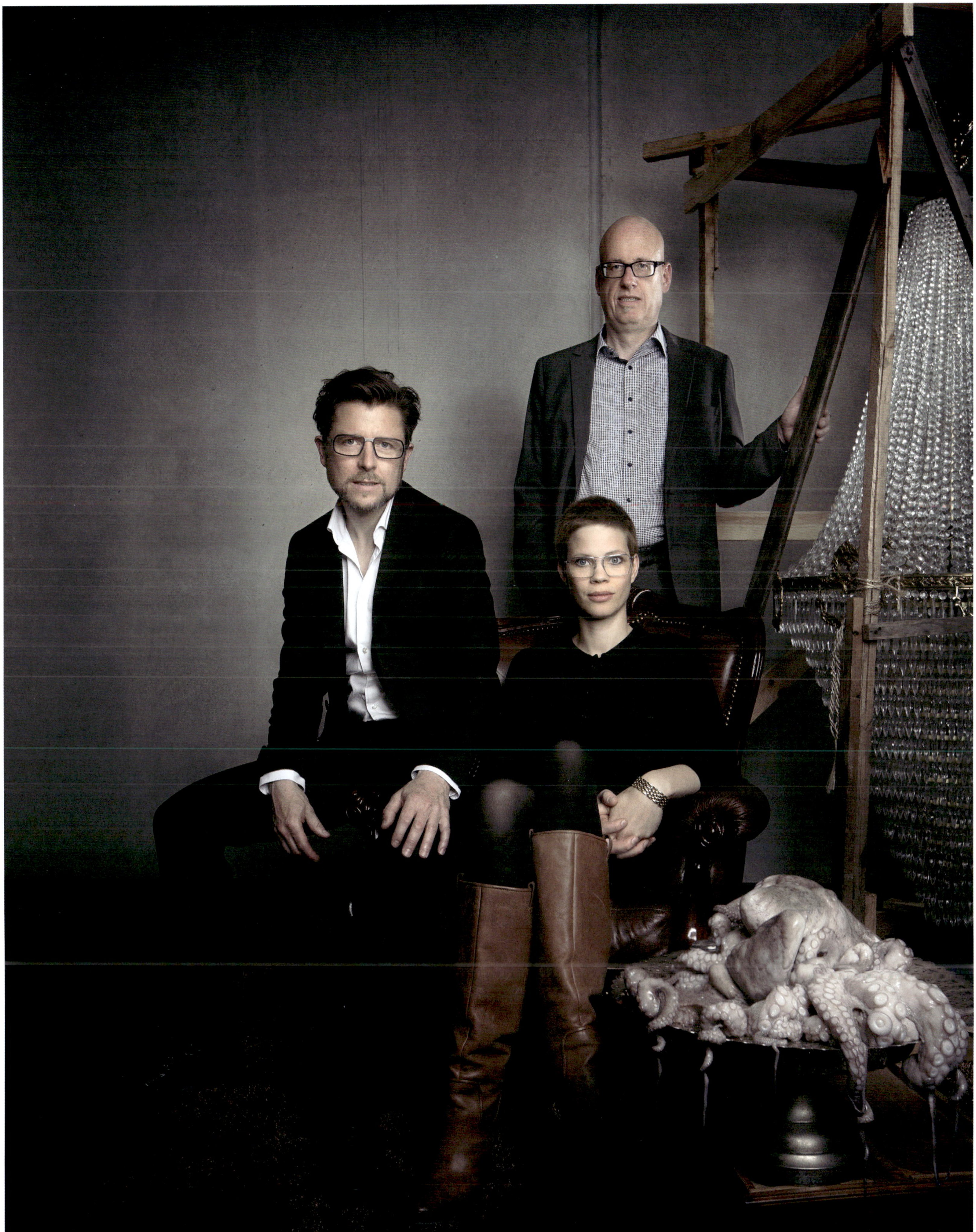

DFM Brand Builders

Anschrift	DFM Brand Builders
	Louisenstraße 120
	61348 Bad Homburg
Fon	(0 61 72) 453 52 67
Fax	(0 61 72) 453 52 69
Mail	online@dfm-frankfurt.de
Web	www.dfm-frankfurt.de
Kontakt	Lutz Minich

Spektrum 21 Jahre Know-how beim Erfinden und Entwickeln von internationalen Marken:

Campaign Design
Packaging Design
Retail Design
Interface Design
Shape Design
Screen Design

Philosophie Wenige kreieren Begehren für viele.

Referenzen
Ferrero
Linde Material Handling
Hasbro
Eckes-Freixenet
Eckes
Gauselmann
Danone
DLG
Diageo
Danone Waters
Nestlé
Black&Decker
Nutrifrais
Unilever
SOKA Bau
Medicom
Gynetics
Landliebe

house
of crea
tivity

„Wir verkaufen Milch.
Wir machen es
so schön, dass man
es haben möchte."

DFROST

Anschrift DFROST GmbH & Co. KG
Hauptstätter Straße 59a
70178 Stuttgart

Fon (07 11) 66 48 17-0
Fax (07 11) 66 48 17-200
Mail info@dfrost.com
Web www.dfrost.com

Kontakt Managing Directors
NADINE FROMMER
CHRISTOPH STELZER
FABIAN STELZER

Corporate Communication
ULRIKE SCHMELZ

Spektrum Retail Window Display
Visual Merchandising
Retail Architecture
POS Events
Visual Communication
Digital Solutions
Production

Philosophie We think retail. We drive sales.
We bring global retail experience.

We understand market & brand dynamics.
We represent future spirit.
We combine zeitgeist & craftsmanship.
We create emotions. We are fresh & innovative.

We know the importance of consistency.
We aim to be a trusted, longterm business partner.

Referenzen CALVIN KLEIN
HUGO BOSS
MERCEDES-BENZ ACCESSORIES
PEAK PERFORMANCE
PORSCHE DESIGN
RAVENSBURGER
RED BULL
STRENESSE
SWAROVSKI
TOMMY HILFIGER
VICTORINOX
u. a.

Awards German Design Award 2014,
Architecture and Interior Design

iF design award 2013,
communication design

reddot award 2012,
communication design

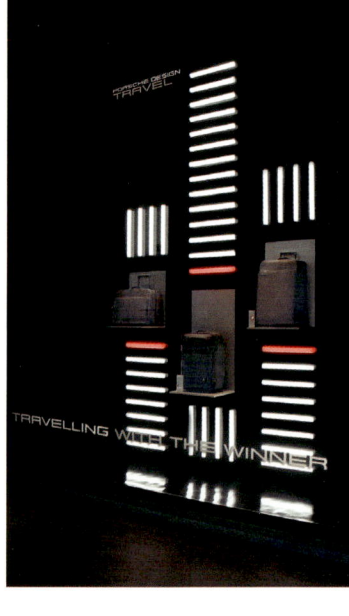

DFROST
Retail Identity

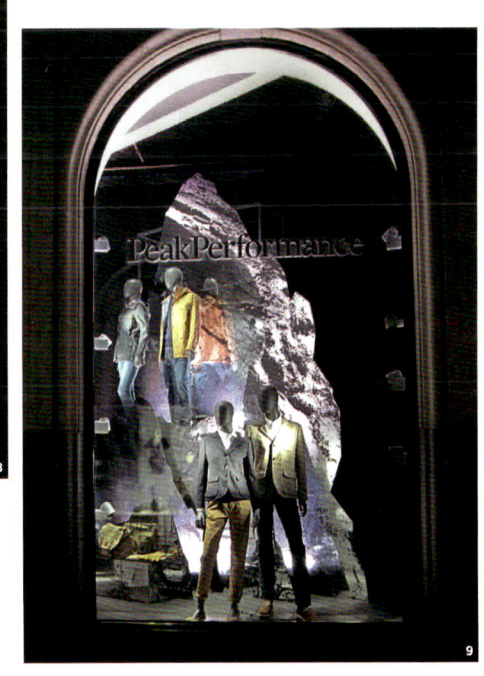

GET INSPIRED BY DMAG.COM

1   DIGITAL SOLUTIONS | SWISS ARMY KNIVES – LIMITED EDITION MICROSITE, VICTORINOX
2   RETAIL ARCHITECTURE | CADENZZA MULTIBRAND STORE CONCEPT, SWAROVSKI
3   RETAIL ARCHITECTURE | BRAND HERITAGE POS CAMPAIGN, VICTORINOX
4   RETAIL WINDOW DISPLAY | FALL/WINTER CAMPAIGN, MODE ZINSER
5   RETAIL WINDOW DISPLAY | SPECIAL WINDOW, PORSCHE DESIGN
6   POS EVENT | TAILORED COLLECTION LAUNCH AT 14 OZ., TOMMY HILFIGER
7   RETAIL WINDOW DISPLAY | JACKETS CAMPAIGN, VICTORINOX
8   RETAIL WINDOW DISPLAY | SPECIAL WINDOW, PORSCHE DESIGN
9   RETAIL WINDOW DISPLAY | FALL/WINTER CAMPAIGN, PEAK PERFORMANCE
10 RETAIL WINDOW DISPLAY | SPRING/SUMMER POS CAMPAIGN, SWAROVSKI

dieckertschmidt

Anschrift	dieckertschmidt GmbH Rosenthaler Straße 48 10178 Berlin
Fon	(0 30) 280 44 74 70
Fax	(0 30) 280 44 74 79
Mail	info@dieckertschmidt.com
Web	www.dieckertschmidt.com www.facebook.com/dieckertschmidt
Kontakt	Kurt Georg Dieckert Stefan Schmidt
Spektrum	Kommunikation Werbung Dialog VKF Online Design Literatur Stunts Events Brand Content
Philosophie	Totality. Wir glauben an das Konzept der Totalität. Marken müssen vollkommen zu ihrer Überzeugung, ihrem Markenverständnis stehen. Und sie müssen dieses Verständnis in Verhalten übersetzen. Marken mögen keine halben Sachen.
Referenzen	adidas Amnesty International artInvestor Axel Springer Verlag BILD Gruppe DIE WELT Gruppe FUSO Grohe Marks Feinkost Mercedes-Benz NH Hotels Ravensburger Zeversolar

jan2012

sep2014

keepcreating

Digiden

Anschrift
Digiden GmbH
Saarbrücker Straße 37b
10405 Berlin

Fon (0 30) 446 74 94-0
Fax (0 30) 446 74 94-79
Mail info@digiden.de
Web www.digiden.de

Kontakt Mike Petersen (Geschäftsführer)

Spektrum
Digiden ist eine führende Internetagentur aus Berlin, gegründet in 2001. Wir arbeiten für nationale und internationale Kunden und Marken. Unser Team besteht aus 25 hochmotivierten MitarbeiterInnen.

Digiden arbeitet im Bereich der digitalen Kommunikation: Wir entwickeln Kommunikationslösungen, Websites und Applikationen für alle digitalen Kanäle. Wir sind Online Marketing Spezialisten und realisieren digitale Kampagnen.

Unser Portfolio: Consulting, Konzeption, Projektmanagement, Kreation und Webdevelopment.

Philosophie
Konzeption – Eine starke Konzeption ist die Basis für Erfolg im Internet.
Zielgruppen verstehen – Kommunikationsformen, Spielregeln und Technik sind stetig im Wandel.
Trends – Trends und Technologien nicht folgen, sondern frühzeitig erkennen und nutzen.

Referenzen
Deutsche Telekom
Deutsche Bahn
BASF
Bombardier
Audi
BMW
Universalmusic
Cornelsen Verlag
Sparkasse
Triumph-Adler
HRS
WWF
u. a.

„I'll cook, you do the dishes"

Digitale Expertise für den Erfolg unserer Kunden

DIGIDEN | DIGITALE KOMMUNIKATION

Dragon Rouge

Anschrift Dragon Rouge GmbH
Global Strategy, Design &
Innovation Consultancy
An der Alster 3
20099 Hamburg

Fon (0 40) 38 03 74-0
Fax (0 40) 38 03 74-44
Mail info@dragonrouge.com
Web www.dragonrouge.de
www.dragonrouge.com

Kontakt Anne Luneau

Spektrum Analysis & Inspiration
Insights & Foresights
Brand Strategy
Innovation
Brand & Packaging Design
Brand Architecture
Naming
Brand Activation

Philosophie Business is beautiful!

Referenzen Bahlsen
Hochland
Klosterfrau
Leibniz
Meggle
quinn emanuel
Reviderm
Schwarzkopf Henkel
Söbbeke
Unilever
Werner & Mertz
Wessanen

strateGy & design ın innovation

we define strategies, we innovate and we design experiences

DRIVE Interactive Communication

Anschrift DRIVE GmbH & Co. KG
Alte Keksfabrik / Lister Straße 9
30163 Hannover

Fon (05 11) 64 07 06 16
Fax (05 11) 64 07 06 69
Mail stephan.probst@drive.eu
Web www.drive.eu

Kontakt Stephan Probst (Geschäftsführer)

Spektrum DRIVE konzipiert, gestaltet und entwickelt Kommunikation für digitale Medien.

1. DRIVE Consulting: Start von der Pole Position
- Analyse von Marken, Märkten, Wettbewerbsstrukturen, Produkten, von Kunden und Usern, von Dialogstrukturen, Mediennutzung.
- Strategie und Beratung
- Umsetzung
- Fortlaufende Beratung

2. DRIVE Creation: Anschub für Kommunikation
- Grafik-Design: Interactive Brand & Corporate Design, Print, Movie, Fotografie, Illustration u.v.m.
- Text und Redaktion: Wir arbeiten international in allen Sprachen.

3. DRIVE Development: Das Ziel ist die besondere Qualität
- PHP-Entwicklung
- CMS: OpenSource (TYPO3) oder proprietär
- Responsive Websites
- Objektorientierte Software- und Datenbankentwicklung in Java
- E-Commerce-Entwicklung, z.B. in xtCommerce, Magento
- Crossmedia-Entwicklung
- App-Entwicklung für iOS & Android

4. DRIVE Project Management: Kühle Köpfe, auch wenn's heiß wird
- Projektplanung, Projektsteuerung und Budgetkontrolle
- Content Management
- Pflege und Kontrolle
- Statistische Analysen
- Domainadministration
- Mediaplanung und Mediaschaltung
- Projektcontrolling
- Beratung und kontinuierliches Sich-Kümmern

5. 24/7 Website Maintenance
- Hosting
- Server-Installation
- 24/7-Monitoring
- System Services

Referenzen ALTANA Gruppe, Johnson Controls, Prange Gruppe, LLOYD shoes, Mondo Minerals, Huhtamaki Films, Schaeffler Gruppe, Hannover 96 NLZ, Medizinische Hochschule Hannover, Leibniz Universität Hannover, Peter Schneider Gruppe und viele mehr

Awards Internationaler Automobilsalon Paris: Best Website
Focus Money: Top 20 Website
Internet World: Shop Usability Award

ENTWICKLUNG
Komplexe Software- und Websysteme mit PHP und Java, in TYPO3, Magento, xtCommerce u.v.m.

ELEKTRONISCHE PROZESSE
Für Content Management, Customer Relations, Produkt Management, Kataloggenerierung, Datenmanagement, WWS-Anbindung, TecDoc-Data Delivery u.v.m.

APP-ENTWICKLUNG
Für iOS, Google Android, Windows Mobile.

KREATION: DESIGN UND TEXT
Die Form folgt der Funktion. Ästhetisch, überraschend,
unterhaltend, informierend. Mit bester Usability.

STARTEN SIE VON DER POLE POSITION
Und geben Sie die Führung nicht mehr aus der Hand.

WHAT DRIVES YOU?

DRIVE interactive communication
von der Pole Position für digitale Kommunikation

PROJEKTMANAGEMENT
Pragmatisch und nützlich. Ziele
und Machbarkeit zusammenbringen.
Budget und Termine immer im Blick.

ANALYSE, STRATEGIE, KONZEPT
Die Basis für Gestaltung und Entwicklung
einer sehr guten Website.

RESPONSIVE WEBDESIGN
Für alle stationären und mobilen Medien.

DRWA Das Rudel Werbeagentur

Anschrift DRWA Das Rudel Werbeagentur OHG
Erbprinzenstraße 11
79098 Freiburg

Fon (07 61) 15 62 07-10
Fax (07 61) 15 62 07-18
Mail info@drwa.de
Web www.drwa.de

Kontakt Carola Sailer
Borris Mayer

Spektrum Immer Full-Service, Full-Power, Full-Brain: Konzeption, Kreation und Realisation. Design und Text. Print und Online. Klassische Werbung und Public Relations. B2B und B2C. Regional, national und global.

Philosophie DRWA hat sich „Weniger reden, mehr beweisen" in das Stammbuch, hinter die Ohren und auf die Fahnen geschrieben. Durch Effizienz statt Effekte, Power statt Palaver, Service statt Symbole. Höchste Ansprüche gewöhnt, unterziehen wir unsere Arbeit strengster Selbstkritik. Was wir tun, tun wir für den Erfolg unserer Auftraggeber.

Referenzen Architektur und Bau
Automotive
Bildung und Kultur
Druck und Papier
Einrichtung und Möbel
Energiewirtschaft
Food und Drinks
Kosmetik und Wellness
Informationstechnologie
Maschinenbau
Medizintechnik
Sanitär und Haustechnik
Sport und Tourismus

Awards Das Jahr der Werbung 2014
Das Jahr der Werbung 2013
Jahrbuch der Werbung 2012
Jahrbuch der Werbung 2011
Jahrbuch der Werbung 2010
Jahrbuch der Werbung 2009
Jahrbuch der Werbung 2008
Jahrbuch der Werbung 2007
Jahrbuch der Werbung 2006
Jahrbuch der Werbung 2005

DRWA knüpft BANDE

UNTERNEHMEN und ZIELE

GUTES und SCHÖNES

DASRUDELWERBEAGENTUR

MARKEN und **HERZEN**

MENSCHEN und **MÄRKTE**

PRODUKTE und **WÜNSCHE**

eden und team

Anschrift eden und team Werbeagentur GmbH
Goethestraße 5
44791 Bochum

Fon (02 34) 33 83 18-0
Mail kontakt@edenundteam.de
Web www.edenundteam.de

Kontakt Gerd Eden

Spektrum Fullservice in sämtlichen Disziplinen der Kommunikation – B2C und B2B.

Philosophie Gute Werbung entsteht im Kopf. eden und team ist eine klassische Fullservice-Werbeagentur mit dem Schwerpunkt kreative Markenführung.

Referenzen
Adidas
Aral
Baur Versand
Bayer Vital
Bertelsmann
Bochum Marketing
BVaG
C&A
Christuskirche Bochum
Deichmann
Elégance
Essen Marketing
Fahrzeug-Werke LUEG (Mercedes)
Fressnapf
Galeria Horten
Haniel Envirotec
Happy Size Company
ICI Autocolor
Karstadt sports
Madeleine
Neckermann
Orsay
Otto Versand
PCC Energie
Rotary Distrikt 1900
Ruhr-Universität Bochum
Runners Point
Sanofi-Aventis
Schlegel Bier
Stadtwerke Witten
Stadt Witten
Stiftung Jedem Kind ein Instrument
UFB/UMU Finanzdienstleistung
Tuffi
VF Textilhandels GmbH H·I·S Division
Westfunk
Zaunteam

Awards
Berliner Type
BRAVO-Otto
Shortlist Clio-Festival New York
Anzeige des Jahres der „TV Spielfilm"
Regionalsieger Post-Mailing 2000
ITVA-Sonderpreis für Originalität
Goldener SchauSchau 2007/2008/2009
Effie-Finalist 2008/2009
DPWK 2009 „Beste Werbliche Kommunikation"
red dot award
gregor international calendar award 2012/2013
Japan Award 2012/2013
German Design Award 2015 – Nominee

DIE SPORTKOMPETENZ EINER AGENTUR ERKENNT MAN SCHON AUF DEN ERSTEN BLICK!

Besuchen Sie unsere neue Website: edenundteam.de

eden und team

Gerd Eden ist zigfacher Marathon-Finisher.

EIGA Design

Anschrift	EIGA Design GbR
	Spritzenplatz 6
	22765 Hamburg
Fon	(0 40) 188 81 23-60
Fax	(0 40) 188 81 23-88
Mail	mail@eiga.de
Web	www.eiga.de
Kontakt	Henning Otto

Spektrum
1. Brand Design
2. Brand Space
3. Promotional Photography
4. Digital Media
5. Brand Design
6. Brand Development
7. Corporate Design
8. Visual Identity
9. Corporate Literature
10. Visual Trend Research

Philosophie EIGA ist eine interdisziplinäre Designagentur. Wir nutzen die Kraft medienübergreifender Konzepte, um die Botschaften Ihrer Marke oder Ihres Unternehmens in einer eindrucksvollen, klaren Geschichte zu erzählen. Unsere Aufgabe ist es, die Stärken, Ziele und Werte unserer Kunden sichtbar zu machen.

Referenzen
Adidas
Babtec
Bauverein der Elbgemeinden eG
Beiersdorf
Cora Verlag
Daimler Financial Services
Ernst & Young
Immowelt
Monday Consulting
Otto Group
Römerturm Feinstpapier
Sennheiser
Sharp
Sonos
Stiftung Deutsch-Russischer Jugendaustausch
SunFire
Wolle Rödel
u. a.

Awards
Art Directors Club Deutschland
red dot Communication Design Award
Berliner Type
Type Directors Club New York
Gute Gestaltung des Deutschen Designer Clubs
iF Award
German Design Award
MfG Award
Corporate Design Preis
Gregor International Calendar Award

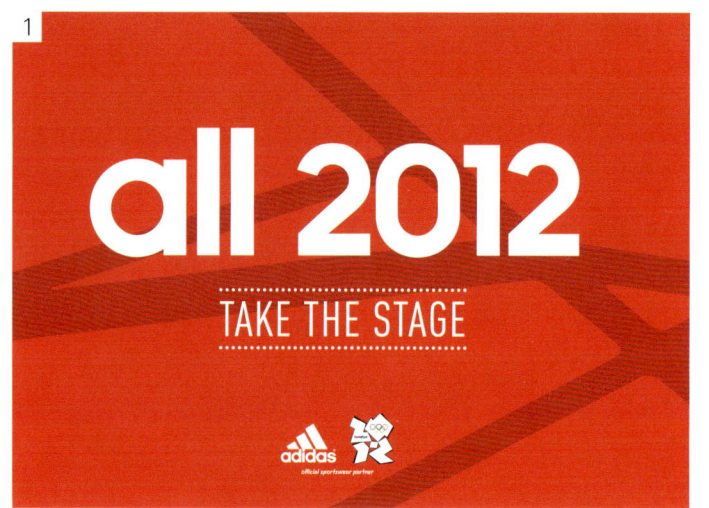

The EIGA Trend Diary is a permanent design research project. If you want to explore the visual opportunities of your brand or branch, please contact us now.

elbedesigncrew

Anschrift elbedesigncrew GmbH
Bernhard-Nocht-Straße 99
20359 Hamburg

Fon (0 40) 89 96 90-0
Fax (0 40) 89 96 90-44
Mail j.heise@elbedesigncrew.de
Web www.elbedesigncrew.de

Kontakt Jens Heise

Spektrum visual brand check
brand strategy
brand & packaging design
form design
naming
innovation management
product corporate design / point of sale
final artwork & production

Philosophie creating brand character
Unsere Heimat ist die Elbe als Sinnbild der unerschöpflichen Ideenquelle.
Unser Thema ist das Design voller Kreativität, Fantasie und Innovationskraft.
Unsere Stärke ist die Crew mit ihrem nach vorne gerichteten Crew-Spirit.

Wir schaffen es, über das Packaging-Design das Besondere aus der Marke herauszuholen, ihr Eigenständigkeit und Charakter zu verleihen. elbedesigncrew bietet alle Disziplinen von der initialen Strategie und Ideenentwicklung bis hin zur Produktion. Dies machen wir seit mehr als 25 Jahren und verfügen über ein sehr großes Erfahrungsspektrum.

Referenzen Bad Heilbrunner
Bayer Vital
Bauhaus
Brillux
Carlsberg
J.J.Darboven
Ehrmann
fit GmbH
Hermes Arzneimittel
Hochland
König Brauerei
Meggle
Nestlé Kaffee und Schokoladen
Nestlé Nutrition
Rausch
Ritex
Dr. Schwabe
Swiss Medical Food AG
Weight Watchers
Weleda

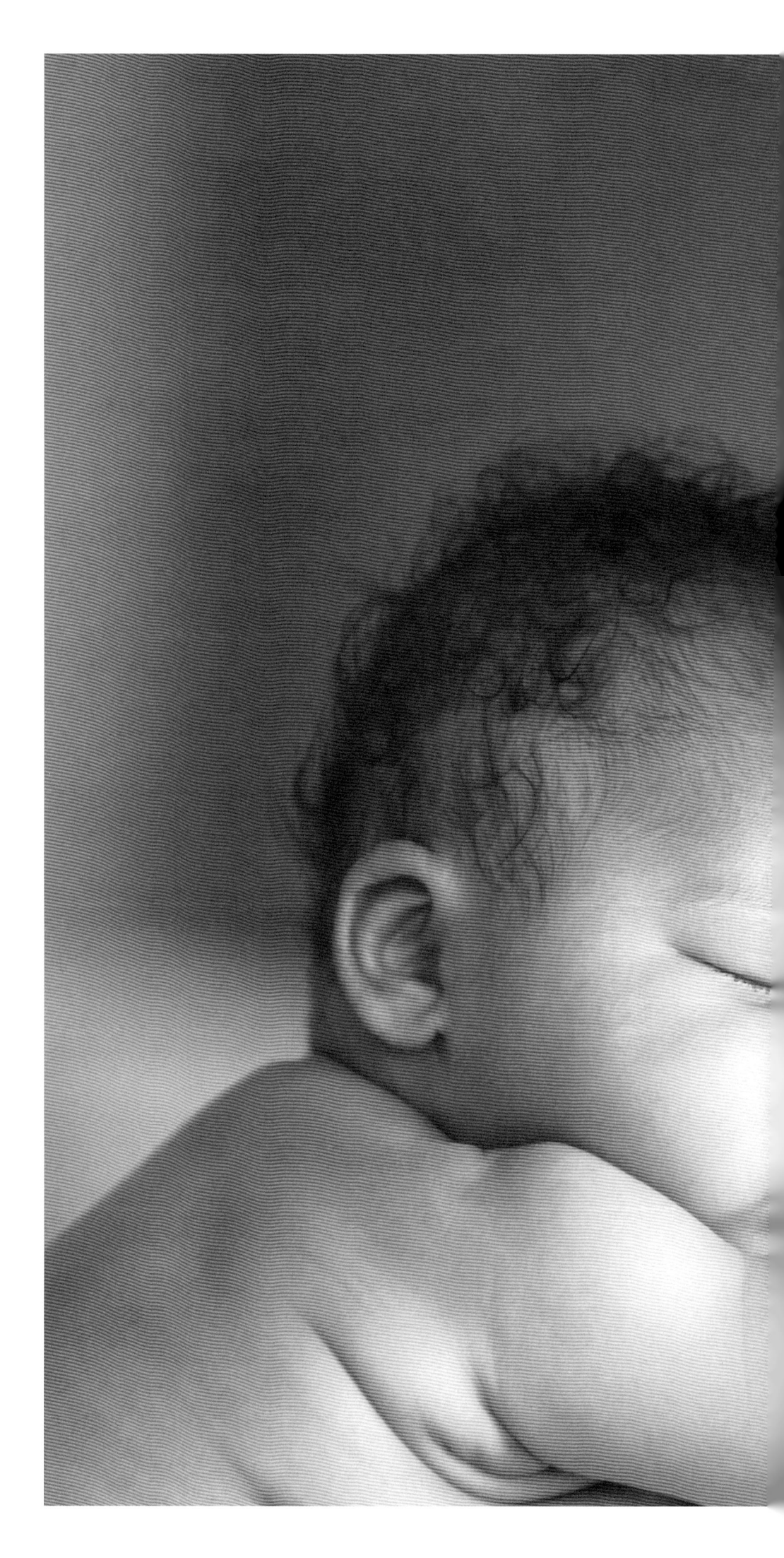

Vertrauen.
Mit Liebe verpackt.

Attraktivität steigern, Begehrlichkeit schaffen, Kauflust stärken. Ein gutes Packaging muss bereits auf den ersten Blick sehr viel leisten.

Bei so sensiblen Produkten wie BEBA Folgenahrung kommen aber noch weitere Herausforderungen hinzu. Vertrauen schaffen, Kompetenz beweisen, Sicherheit geben. Oder anders: Müttern bereits am Regal das gute Gefühl schenken mit BEBA auf dem richtigen Weg zu sein.

Unzählige unserer Packagingdesigns bestehen tagtäglich erfolgreich diese schwierige Aufgabe. Nicht zuletzt weil sie Blick für Blick ihre Markenpersönlichkeit perfekt widerspiegeln. Geschaffen nach dem Motto **creating brand character.**

elbedesigncrew

ENGELMANN & KRYSCHAK

Anschrift	ENGELMANN & KRYSCHAK
Werbeagentur GmbH
Rathausufer 22
40213 Düsseldorf
Fon	(02 11) 20 96 47-0
Fax	(02 11) 20 96 47-10
Mail	info@ek-werbeagentur.de
Web	www.ek-werbeagentur.de
Kontakt	Heiko Engelmann
Markus Kryschak
Spektrum	Als strategiestarke Kreativagentur graben wir nach besonderen Lösungen. Medienübergreifend und je intensiver, desto besser! Das beweisen wir mit unseren Arbeiten. B2B und B2C. Vom Mailing bis zum TV-Spot. Und das schätzen unsere Kunden wie ALTANA, BKK Mobil Oil, E.ON, itelligence, IVF HARTMANN, MEDION oder Stadtsparkasse.

SCHICHT IST ERST, WENN WIR ALLES RAUSGEHOLT HABEN.

ENGELMANN & KRYSCHAK

Faber & Marke

Standorte Berlin / Dresden

Mail berlin@faber-marke.de
dresden@faber-marke.de

Web www.faber-marke.de
www.torso-digitalis.de

Kontakt Claus Christoph Faber

Spektrum Als Marken- und Kreativagentur konzipieren und gestalten wir Markenkommunikation für Kunden aus Food, Industrie und Tourismus. Die Marke ist dabei stets Ausgangspunkt unserer Kreationen. Dazu verbinden wir klassische und digitale Medien miteinander. Um im Internet führende Lösungen konzipieren zu können, haben wir die Programmierung und Technologieentwicklung mit unserer Schwesterfirma Torso Digitalis im Haus.

Referenzen Industrie:
Airbus (Freighter Conversion)
Bharat Forge Aluminiumtechnik
BOSCH Pharmatec
BOSCH Schoeller-Bleckmann Medizintechnik
CDP Bharat Forge
EADS (Elbe-Flugzeugwerke)
EICT (European Center for Information and Communication Technologies)
Fahrzeugtechnik Miunske
GFC AntriebsSysteme
i2s Intelligente Sensorsysteme
IMA Materialforschung und Anwendungstechnik
Johstadt Pumpen
Kröning Automation
OPW Oberndorfer Präzisionswerk
Selectrona (Automotive)
Utz-Gruppe (Automotive)

Food:
Golßener Feinkost
Koch's (Russische Teigspezialitäten)
Komet
LAWA Hefeknödelspezialitäten
MAGO Wurst
ProBioTan (Milchgetränk)
Rotstern
Schutzverband Dresdner Christstollen
Spreewälder Gurken
Spreewälder Leinöl
Thüringer Süßwaren Erfurt

Tourismus:
Dresdner Verkehrsbetriebe
Kammweg Erzgebirge-Vogtland
Land Brandenburg
Landkreis Görlitz
Montanregion Erzgebirge/Krušnohoří
Torgauer Tourismus & Bäder
Tourismus Marketing Gesellschaft Sachsen
Tourismusregion Zwickau
Tourismusverband Erzgebirge
Tourismusverband Sächsisches Elbland
Verkehrsverbund Mittelthüringen
Verkehrsverbund Oberelbe

faber & marke
integrierte markenkommunikation

Merken.®

Marken zu entwickeln, die den Unterschied machen, heißt die Dinge auf den Kopf zu stellen.

Marken entwickeln.
Methodisch und systematisch.

Marken führen.
Kreativ und konsequent.

Marken. Merken.

Bei Faber & Marke entstehen Marken nicht aus dem Bauch heraus, nicht im Eilverfahren und schon gar nicht, weil sie gut aussehen. Wir begreifen Marken als Persönlichkeiten. Wir analysieren Unternehmen, Mitarbeiter und Kunden. Mit unserem *Markoskop* blicken wir in die hintersten Winkel, entdecken Details und formulieren Parameter: Diese erlauben uns, am Ende des systematischen Prozesses die Persönlichkeit eines Unternehmens oder Produktes zu beschreiben. Facettenreich, tiefgreifend, mit Ecken und Kanten und dadurch unverwechselbar – wie Persönlichkeiten eben sind.

Die Markenarchitektur, eine detaillierte Beschreibung der Marke, prägt die Kommunikation und Strategie des Unternehmens. Sie gibt Leitlinien für die Darstellung, hilft bei der Produktpositionierung, erleichtert die Mitarbeitersuche und unterstützt bei der Unternehmensführung. Der konsequente Ausdruck unseres Markenverständnisses zeigt sich in den erfolgreichen Kreationen für unsere Kernbereiche Industrie, Food und Tourismus.

industrie   food   tourismus

Fremdkörper im Sterilisat?

BOSCH

BOSCH setzt als weltweit tätiger Konzern auf eine Mono-Markenstrategie. In gewohnter BOSCH-Qualität wird der Markenauftritt für alle Unternehmen der Gruppe vorgeschrieben. Mit der richtigen Akzentuierung des Corporate Designs kommt auch das überragende Know-how des Sterilisationsanlagen-Herstellers SBM Schoeller-Bleckmann Medizintechnik innerhalb des Konzerns zur Geltung.

faber & marke
integrierte markenkommunikation

DRESDNER CHRISTSTOLLEN

Der Striezel, wie ihn Dresdner liebevoll nennen, ist ein besonderer Schatz. Als Sinnbild für weihnachtlichen Genuss ist der echte Dresdner Christstollen® weltweit bekannt. Faber & Marke entstaubte das Image dieses Traditionsgebäcks und gibt der Marke international einen exklusiven Auftritt in allen Medien.

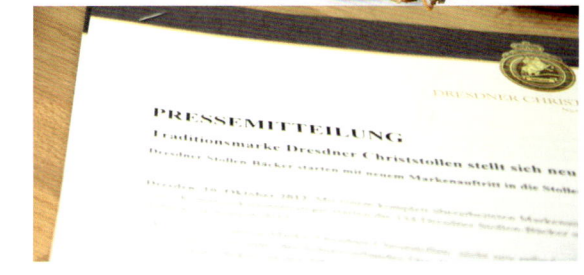

*offgemumbld, sächsisch für aufgegessen; von mumpeln: (langsam) kauen, essen.

DAS ZEITSPRUNGLAND

Der Landkreis Zwickau positioniert sich unter der Dachmarke „Das Zeitsprungland" klar als die touristische Destination Deutschlands, in der Geschichte lebendig wird. Das kulturelle und industrielle Erbe der Region bündelt sich in einer einzigartigen Dichte von Schlössern und Museen. Neben der inhaltlichen und visuellen Identität der Marke entwickelte Faber & Marke auch eine Vielzahl kreativer Umsetzungen, um national und international Touristen aufmerksam zu machen.

Falcon White – Designagentur

Anschrift   Falcon White – Designagentur
Am Förderturm 8
44575 Castrop-Rauxel

Fon   (0 23 05) 590 91 34
Fax   (0 23 05) 590 91 36
Mail   hallo@falconwhite.de
Web   www.falconwhite.de
www.falconwhite.de/webschau

Kontakt   Kerstin Krause
Marcel Henkhaus
Ralf Krause

Spektrum   *Übergreifend:*
Strategie & Beratung
Erstellung cross-medialer Designkonzepte

Schwerpunkt Digital:
Responsive Webdesign
Responsive eCommerce-Lösungen
UI/UX Design

Schwerpunkt Branding:
Brand Identity
Corporate Designs
Printdesign

Awards   2-facher German Design Award Nominee 2015
iF communication design award 2014

```html
<h1>
  <!-- Web- und eCommerce-Lösungen für erfolgreiche Marken. -->
  Wir sprechen fließend Web.
</h1>

<p>
  <!-- Ausgezeichnete responsive Webdesign-Projekte. -->
  Erstklassige Webseiten in ihrem natürlichen Lebensraum <br>
  finden Sie hier:
</p>

<a href="http://falconwhite.de/webschau" class="call-to-action">
  <!-- Wir sorgen dafür, dass Ihre Zielgruppe Sie versteht. -->
  Möchten Sie nicht auch verstanden werden?
</a>
```

FINAL IMAGE

Anschrift FINAL IMAGE GmbH
Schloßstraße 3
01067 Dresden

Fon (03 51) 481 71 74
Mail vorzimmerdame@final-image.de
Web www.final-image.de

Kontakt Daniel Wickert

Spektrum Corporate Design / Konzept / Bildsprache / Kampagne
Umsetzung: online, offline, overtheline

Philosophie FINAL IMAGE präsentiert, verkörpert, ist: DWDGG! Das Wappentier des guten Geschmacks. Erst tiefgekühlt, dann angetaut – sagt Ihnen was...?!

Aufgeweichte Ideen, deren Saugkraft extrem nachgelassen hat, sind bekanntlich Neuschnee von gestern. Dieses Problem liegt bald nicht mehr auf Ihrem Tisch, denn hier bekommen Sie alles nach dem niemals gesucht wurde. Um dafür zu sorgen, dass Sie gefunden, geliebt oder gehasst werden.

Referenzen LÖWEN PLAY
Crytek / The Best Gamestudio!
HILTON WORLDWIDE
PUTZI Kinderzahncreme
Radeberger Bier
Freddy Fresh AG
TAO FIT Studios
SEEEDS

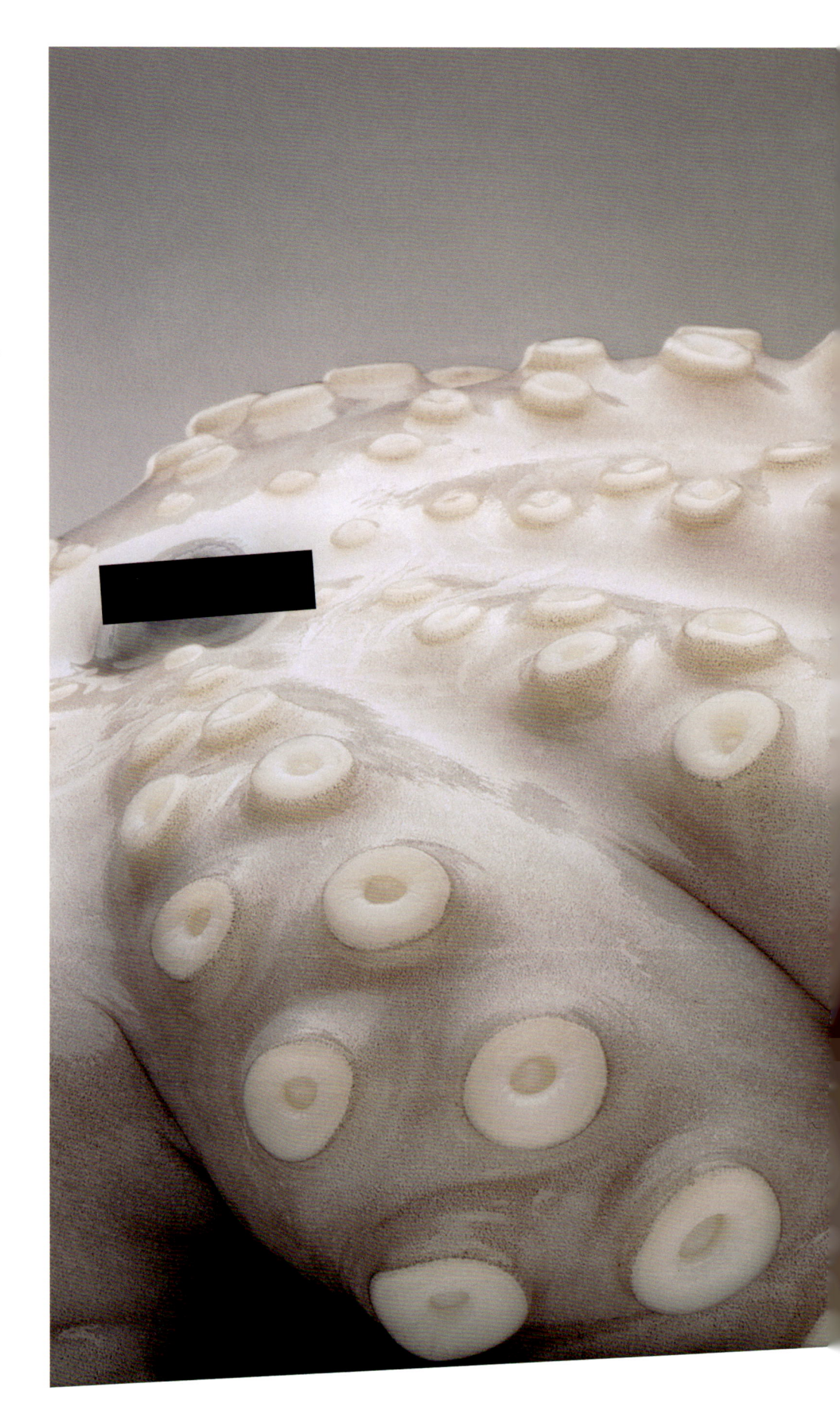

FINAL IMAGE

DWDGG

AB SOFORT IM NETZ

DAS WAPPENTIER DES GUTEN GESCHMACKS
· NIE GESUCHT UND DOCH GEFUNDEN ·

Flaechenbrand

Anschrift	Flaechenbrand GbR. Die Ideenstifter.
	Rheinstraße 59
	65185 Wiesbaden
Fon	(06 11) 98 70 45 10
Mail	info@flaechenbrand.eu
Web	www.flaechenbrand.eu
Kontakt	Friedrich-Wilhelm Detering
Spektrum	Konzeption / Strategie
	Markenbildung
	Naming
	Design
	Packaging
	Kommunikation

Wir entwickeln Marken für den FMCG-Bereich und betreuen sie kommunikativ in allen Kanälen.

Referenzen	Radeberger Gruppe
	Eckes-Granini
	Beam-Suntory
	Otto
	Xing

Die erste
Limo
Die schmeckt,
wie sie will.
Neu!
Jetzt probieren!
Die Limo
granini
Limette + Zitrone
Die erste
Limo
von granini
/DieLimo
Die erste
Limo
Für die du nicht
mehr süß sein
musst.
Neu!
Die Limo
Die erste
Limo
von granini
/DieLimo

granini
Fruchtig & leicht
Banane
mit Stevia

granini
Lemon Fresh

hohes C
Naturelle
Tee
Weisser Tee
Pfirsich

hohes C
Naturelle
Apfel-Zitrone
Stilles Mineralwasser und reiner Saft
ohne Zuckerzusatz
Sport

Binding
seit 1870
Adler

Still
deinen
Durst
nach
Tee
hohes C
Naturelle
Tee
Weisser Tee
Pfirsich
Still
deinen
Durst
nach
Frucht
hohes C
Naturelle

en werden Sie mit jedem
chluck schneller trinken.
s neue hohes C PLUS
Magnesium & B-Vitamine.
hohes C
PLUS
Magnesium & B-Vitamine
Für den
Energie-
stoffwechsel

Ihr Bauch wird vor Glück
einen Kopfstand machen.
Das neue hohes C PLUS Ballaststoffe.
hohes C
PLUS
Ballaststoffe
Für die
Ballast-
stoffversorgung

FORCE.

Anschrift	FORCE Communications & Media GmbH
	Niederkasseler Lohweg 185
	40547 Düsseldorf
Fon	(02 11) 54 22 11-0
Fax	(02 11) 54 22 11-99
Mail	weiterdenken@force-agentur.de
Web	www.force-agentur.de
Kontakt	Torsten Kusmanow
	Michael Bergmann

Spektrum Kommunikation, die wirkt.
Das ist unser Anspruch.

– Klassische Kommunikation
– Digitale Kommunikation
– PR-Kommunikation
– Strategie-Beratung

Referenzen
ALBA Group plc & Co. KG
Alfa Romeo
ARAG SE
Cedura GmbH
Elopak GmbH
Fermacell GmbH
Festkomitee des Kölner Karnevals von 1823 e. V.
Fiat Group Automobiles Germany AG
Hase & Igel Düsseldorf
HECTAS Facility Services Stiftung & Co. KG
Ikano Bank GmbH
KHS GmbH
Monuta Versicherungen
MWEIMH NRW
NotarNet GmbH
Packaging Recovery Organisation Europe
Santander Consumer Bank AG
Stefan Marquard
ThyssenKrupp Bilstein GmbH
WILO SE
Ytong Xella Deutschland GmbH
zarinfar GmbH

ORIENTIERUNG IM MARKT GESUCHT?

Kommunikative Punktlandungen sind die Grundlage für den wirtschaftlichen Erfolg unserer Kunden.
Wir bieten ein Portfolio an zielführenden Leistungen, die Ihr Unternehmen und Ihre Marke auf direktem Weg zu messbaren Erfolgen führen. Unsere Arbeit zeigt Wirkung, weil wir weiterdenken, wo andere aufhören.

weiterdenken#force-agentur.de

gabriel design team

Anschrift gabriel design team
Heckscherstraße 48
20253 Hamburg

Fon (0 40) 557 75 84-0
Fax (0 40) 557 75 84-29
Mail kontakt@gabrieldesignteam.com
Web www.gabrieldesignteam.com

Kontakt Bettina Gabriel

Spektrum Packaging
Corporate Design
Webdesign
Printmaterial
Konzept-Entwicklung
Final artwork

Philosophie Unsere Arbeit besteht darin, das Herzstück einer Marke für die Zukunft zu interpretieren und ein langfristig anziehendes Erscheinungsbild zu entwickeln.

Referenzen Stiftung Mittagskinder
Dithmarscher Geflügel GmbH & Co. KG
Eskildsen GmbH
Süßmost- und Weinkelterei Schulz
Vivanco Gruppe AG
Grabower Süsswaren GmbH
Elbe-Obst Erzeugerorganisation r. V.
Keil & Keil Literaturagentur
Tee-Maass GmbH
Larsen Danish Seafood GmbH
Behr AG
apetito
Dirk Rossmann GmbH
Herbert Kluth (GmbH & Co. KG)
Bayerische Milchindustrie e. G.
REWE Markt GmbH
Amore Sweets
Stührk Delikatessen Import GmbH & Co. KG
H. & J. Brüggen KG
Imperial-Oel-Import Handelsges. mbH
CFG Deutschland GmbH
Burger Knäcke GmbH + Co. KG
Cavendish & Harvey Confectionery GmbH
Nagel Tofumanufaktur

Awards Pentaward 2012
A' Design Award 2013 + 2014

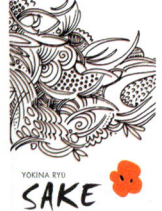

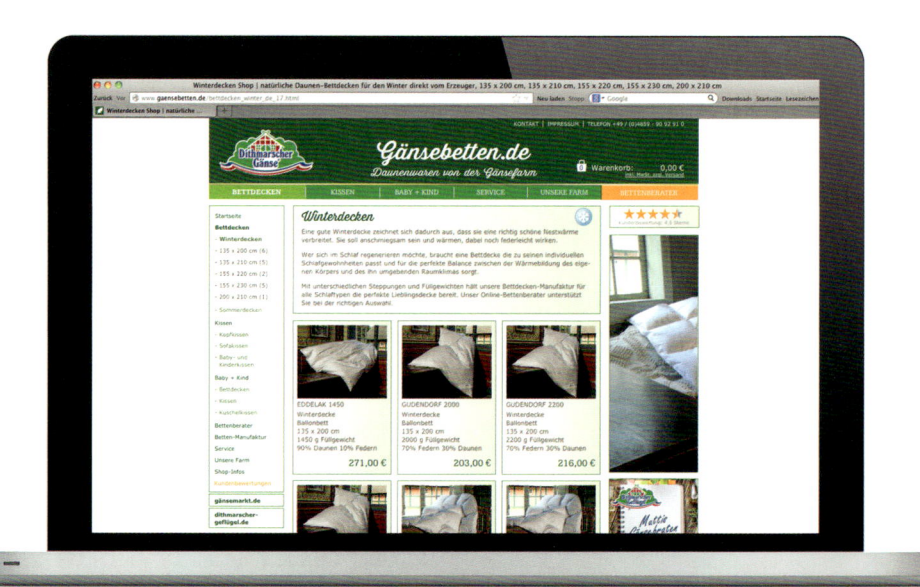

gabriel design team
konzepte für marken

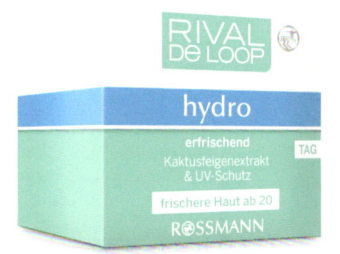

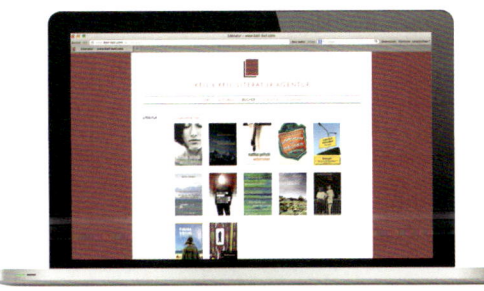

Gaida Kommunikation

Anschrift	Gaida Kommunikation GmbH
Neuer Wall 50
20354 Hamburg
Fon	(0 40) 82 21 86-305
Fax	(0 40) 82 21 86-450
Mail	gaida@gaida-kommunikation.de
Web	www.gaida-kommunikation.de
Kontakt	Marcus Gaida
Spektrum	Full Service
Philosophie	Die inhabergeführte Agentur als wendiges Schnellboot mit dem Know-how eines Networks.

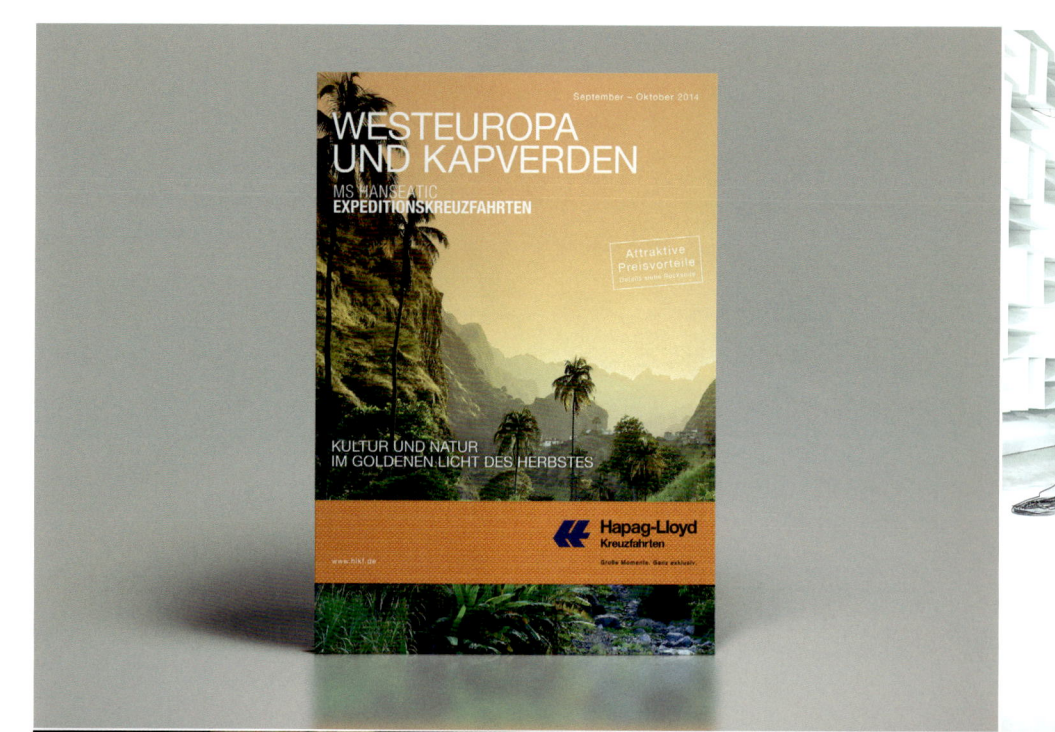

BENIEN
PRODUKTIONS-
TECHNIK

OOWV
Vielen Dank.
Gemeinsam für die Zukunft – Ihr OOWV
Nitrat. Auf Wiedersehen!
Noch können wir unser Wasser direkt aus der Leitung trinken. Damit das so bleibt, müssen die Nitratauswaschungen auf ein Minimum reduziert werden.
74%

Aktion von ffn und OLB
Oldenburgische
Landesbank

5. BIS 9. NOVEMBER 2014
22nd KARATE WORLD CHAMPIONSHIPS BREMEN 2014
DKV

HAMBURG + BREMEN

OLB
Oldenburgische
Landesbank
en Sie für Ihr Kind
richtige Pferd.
rplan. 1,41 %* Rendite bei einer Laufzeit von 4 Jahren.
h jetzt beraten. Erfahren Sie mehr auf www.olb.de
Angebot gültig vom 15.10. bis 15.11.2014
Hier zu Hause. Ihre OLB.

GET READY
GET READY
FOR A WHOLE NEW WORLD.
SPEED
CONTROL
IN THE WORLD'S KARATE CAPITAL 2014
BREMEN
BE A PART.

G
Wir freuen uns auf Ihren Anruf.
(040) 822 186 305

giraffentoast

Anschrift giraffentoast design gmbh
Kleiner Schäferkamp 28
20357 Hamburg

Fon (0 40) 38 03 79 80
Fax (0 40) 38 03 79 81
Mail eat@giraffentoast.com
Web www.giraffentoast.com

Standort Berlin:
Schlesische Straße 30
10997 Berlin

Kontakt Philip Braun (GF)
Holger Markewitz-Peters (GF)

Spektrum Unsere Stärke ist eine interdisziplinäre und medienübergreifende Sichtweise. Durch die konzeptuelle Verknüpfung unserer drei Spezialbereiche: Film (Regie, Motion Graphics, 2D- / 3D-Animation), Interactive & Webdesign und Print & Grafik Design, schaffen wir vielseitige, umfassende und dadurch effektive Lösungen.

Philosophie Nichts ist für uns langweiliger als zwei Dinge, die perfekt zusammen passen. Und nichts ist spannender, als zwei unvereinbare Dinge zu vereinen. Gegensätze erzeugen Reibung. Aus Reibung entsteht Feuer und aus Feuer entstehen unsere besten Ideen.

Referenzen Wir betreuen nationale und internationale Kunden aus Wirtschaft und Kultur.

Eine Auswahl unserer Referenzen:
ARD
AUDI
Friesisches Brauhaus zu Jever
Görtz 17
Grundig
Ikea
Konzerthaus Dortmund
Levi's
MINI
Nespresso
Hamburg Marketing
Schwankhalle Bremen
Sony Ericsson
Tchibo
Universal Music
Volkswagen AG
Wrigley
u.v.m.

Awards Unsere Arbeiten haben zahlreiche Awards gewonnen, unter anderem beim ADC, Red Dot und German Design Award.

giraffentoast
web film print

hauser lacour

Anschrift hauser lacour
kommunikationsgestaltung gmbh
Senckenberganlage 10 – 12
60325 Frankfurt am Main

Fon (0 69) 80 90 99 90
Fax (0 69) 80 90 99 99
Mail info@hauserlacour.de
Web www.hauserlacour.de

Kontakt Wolfgang Wünnenberg

Spektrum Wir gestalten wirkungsvoll und denken strategisch. Unser Design lenkt den Blick auf die Marke und sorgt medienübergreifend für Identität.

Wir geben Marken ein Gesicht, das sich einprägt und fasziniert. Dazu gehen wir systematisch vor, bringen unsere Expertisen ein und pflegen einen intensiven Dialog mit unseren Kunden. In diesem Prozess entstehen kommunikative Lösungen, die Menschen informieren und emotional bewegen.

Das Ergebnis sind Markenerlebnisse mit einem sichtbaren Vorsprung gegenüber dem Wettbewerb.

Referenzen Alte Oper Frankfurt
Altira Group
ADC Art Directors Club für Deutschland
Bauerfeind AG
Campus Verlag
De Gruyter
Form – Zeitschrift für Gestaltung
Fraport AG
Gruppe Deutsche Börse
Kölner Philharmonie
Mammut
Max-Planck-Institut
Museum für Gegenwartskunst Siegen
Museum für Moderne Kunst, Frankfurt
Münchener Rück
Schirn Kunsthalle, Frankfurt
SCHMIDHUBER
serien lighting
Siemens AG
SKW Schwarz Rechtsanwälte
Sony
Swiss Re
Tishman Speyer

Awards Adam Award
reddot design award
ADC Art Directors Club für Deutschland
iF communication design award
Berliner Type Award
Designpreis der BRD
100 Beste Plakate
inkom grand prix
DDC Deutscher Designer Club
Stiftung Buchkunst

Projektbeschreibung

The Universe of a Brand: Charakteristische Begrifflichkeiten aus dem Flughafenjargon und unternehmenseigene Abkürzungen bilden die sprachliche Basis für das Orientierungs- und Leitsystem der neuen Unternehmenszentrale der Fraport AG. Mittels lichtsensibler Folien werden die architektonischen Leitmotive – Transparenz und Helligkeit – inszeniert.

Digitales Leitsystem und Brand Experience: Auf einer Medienwand und Medienmöbeln veröffentlicht die Fraport Unternehmenszahlen und -daten, aber auch emotionale Fakten zur Marke. Die Medienwand steht als eines der Leitmedien des Unternehmens für ein aktives und innovatives Markenerlebnis.

heureka

Anschrift heureka GmbH
Renteilichtung 1
45134 Essen

Fon (02 01) 615 46-0
Fax (02 01) 615 46-28
Mail c.springer@heureka.de
Web www.heureka.de

Kontakt Conny Springer (Geschäftsführerin)

Spektrum Kommunikation für Unternehmen, Marken und Produkte, Finanzkommunikation

Philosophie Seit 25 Jahren realisieren wir bei der heureka GmbH Kommunikationsprojekte für Unternehmen, Marken und Produkte: gelebt, gedruckt und digital. Die Lösung umfassender Kommunikationsaufgaben, von der Konzeption bis zur Umsetzung, haben wir in einem Vierteljahrhundert gelernt und perfektioniert – ohne dabei den Blick für das Wesentliche, das Besondere und das Neue zu verlieren.

Als inhabergeführte Agentur mit langjähriger Erfahrung in der Finanzkommunikation können wir über 100 Finanzberichte zu unserem Portfolio zählen. Aufgrund unseres Selbstverständnisses als Designmanufaktur gekoppelt mit der Expertise für strategisches Marketing lieben wir Herausforderungen, die nach ganzheitlicher Konzeption verlangen.

Wir verstehen uns als kritisch loyaler Kommunikationspartner und setzen uns aufrichtig und konsequent für den langfristigen Erfolg unserer Kunden ein. Authentisch und außergewöhnlich – das sind nicht nur wesentliche Werte unserer eigenen Philosophie: Sie spiegeln sich in unserer täglichen Arbeit und prägen die Handschrift unseres Designs.

Referenzen Asklepios Kliniken
BYK Chemie AG
Deutsche Börse AG
Dr. Ing. h.c. F. Porsche AG
Fraport AG
GESCO AG
GEMA – Gesellschaft für musikalische Aufführungs- und mechanische Vervielfältigungsrechte
Giesecke und Devrient GmbH
HOCHTIEF AirPort GmbH
ista Deutschland GmbH
MLP AG
NATIONAL-BANK AG
Friedrich PICARD GmbH & Co. KG
Robert Bosch GmbH
Stadtwerke Essen AG
ThyssenKrupp AG

Awards red dot design award 2007, 2008, 2009, 2013, 2014
private public award 2013
Best of Corporate Publishing 2014

»Outstanding usability solutions sind ein must-have für die special interests Ihrer target group. Und bei Ihren ambitions ist das commitment eines Chief of Creation für out of the box thinking erforderlich.«

Kein Bock auf aufgesetztes Geschwätz!
Unsere Kommunikation ist: authentisch. ehrlich. individuell.

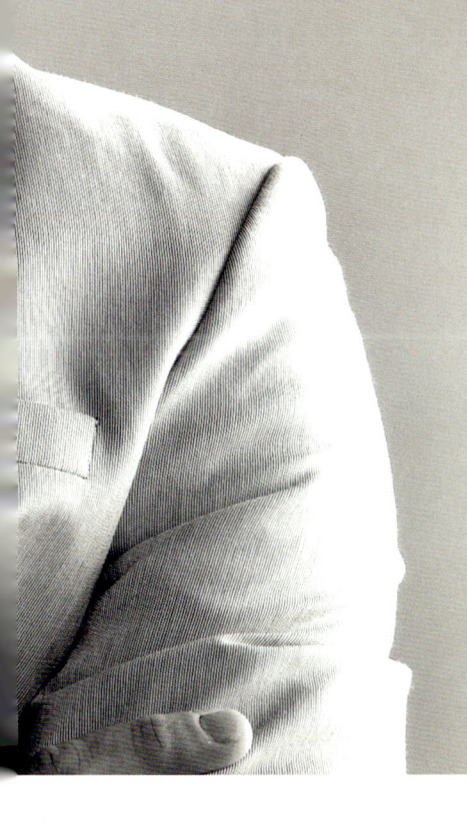

heureka

einfach
kommunizieren.

www.heureka.de

HOME^

Anschrift	HOME^Agentur für Kommunikationsdesign
	Klaus Trommer
	Zeche Holland I/II,Ückendorfer Straße 237 H
	45886 Gelsenkirchen
Fon	(02 09) 947 67 77-0
Fax	(02 09) 947 67 77-1
Mail	kt@home-agentur.de
Web	www.home-agentur.de
Kontakt	Klaus Trommer
Spektrum	Design
	Visual Engineering
	Illustration
	Zu den Kunden zählen sowohl Industrieunternehmen als auch Werbe- und Eventagenturen.
Referenzen	Volkswagen
	Noraxon USA
	Dentognostics
	NFL Europa
	VGB Powertech
	Berlin Holding
	KinderPrint
	Edding
	Suki
	Ford
	u. a.
Awards	Freistil: Best of European Illustration 2015
	German Design Award, Nominee 2013
	HR Excellence Awards 2012, Silber + Bronze
	red dot communication design award 2011, 2006
	TDC New York, Award of Excellence 2006
	Fotowettbewerb RUHR2010, 2. Platz
	Designpreis der Bundesrepublik Deutschland 2008 (Nominierung)
	MENSA Designwettbewerb, 1. Platz 2014, 2012, 2011

a+b
a
b
a

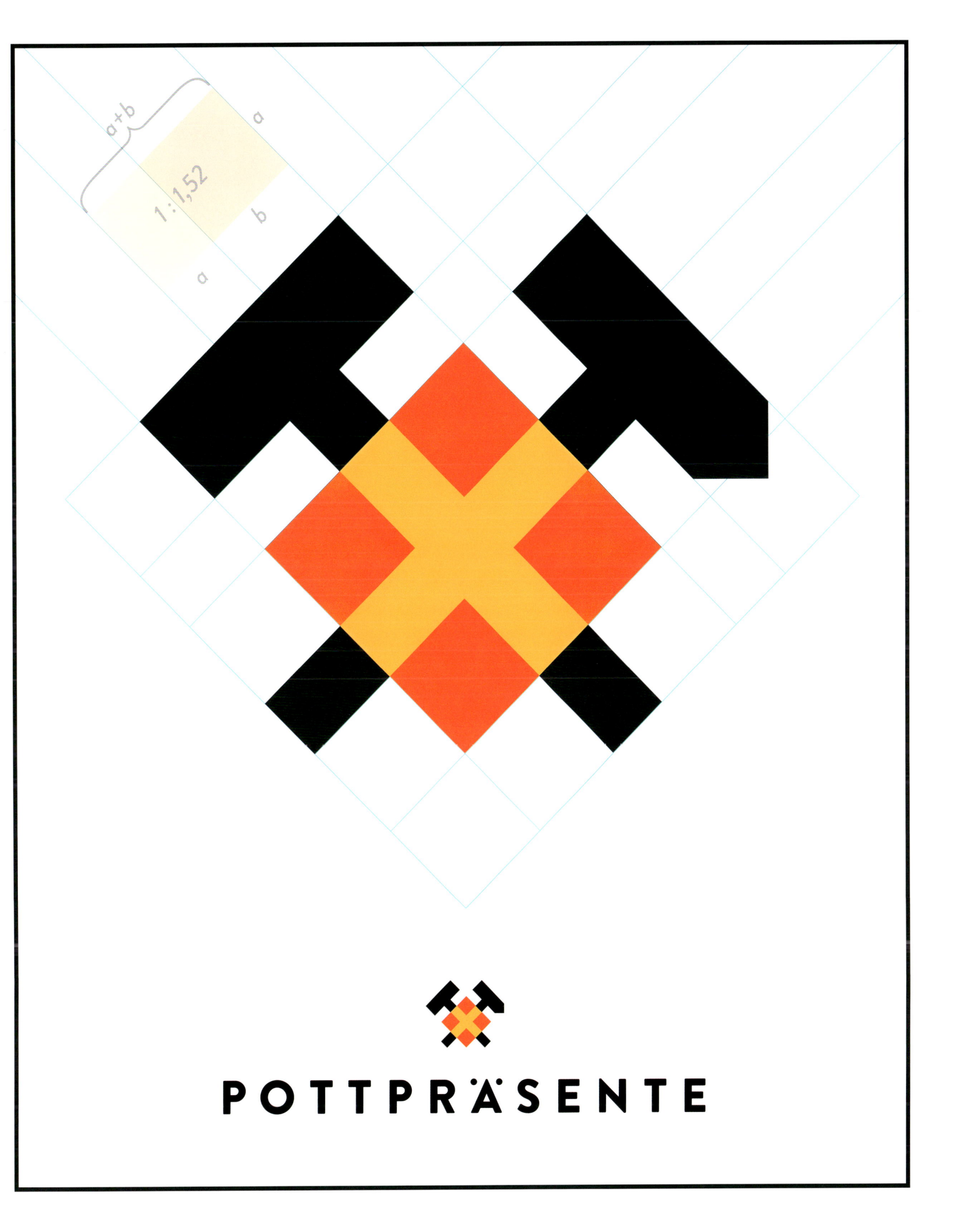

1:1,52

POTTPRÄSENTE

hw.design

Anschrift	hw.design gmbh
	Türkenstraße 55–57
	80799 München
Fon	(0 89) 20 25 75-0
Fax	(0 89) 20 23 96 96
Mail	info@hwdesign.de
Web	www.hwdesign.de
Kontakt	Frank Wagner (Geschäftsführer)
	Benjamin Klöck (Geschäftsführer/New Business)

Spektrum
Identity
Communication
Digital
Space

Philosophie
hw.d bietet mit vier Kompetenzfeldern – identity, communication, digital und space – ein interdisziplinäres Leistungsspektrum, mit dem wir unseren Kunden ermöglichen, medienübergreifend Markenerlebnisse zu schaffen.

Entlang unseres Brand Communication Process erarbeiten wir auf der Basis der bestehenden Identität und der beabsichtigten Positionierung integrierte Kommunikation für Unternehmen und Marken und definieren damit deren individuelle Positionierung in unserer sich fließend verändernden, globalen Welt.

So verbinden wir mit Ideen Marken und Menschen. Menschen mit Unternehmen. Und Unternehmen mit der Gesellschaft.

contemporary communication to connect brands and people

Referenzen
Allianz
BMW Group
Deutsche Bank
Deutsche Post DHL
Fresenius Medical Care
HUGO BOSS
Munksjö Paper
ProSiebenSat.1
Siemens
ThyssenKrupp
Wacker Chemie

Awards
hw.d wurde mit zahlreichen nationalen und internationalen Awards ausgezeichnet. Eine detaillierte, aktuelle Auflistung wird auf der Agentur-Webseite www.hwdesign.de geführt.

hw.d contemporary communication

Geschäftsbericht 2013
ProSiebenSat.1 Media AG

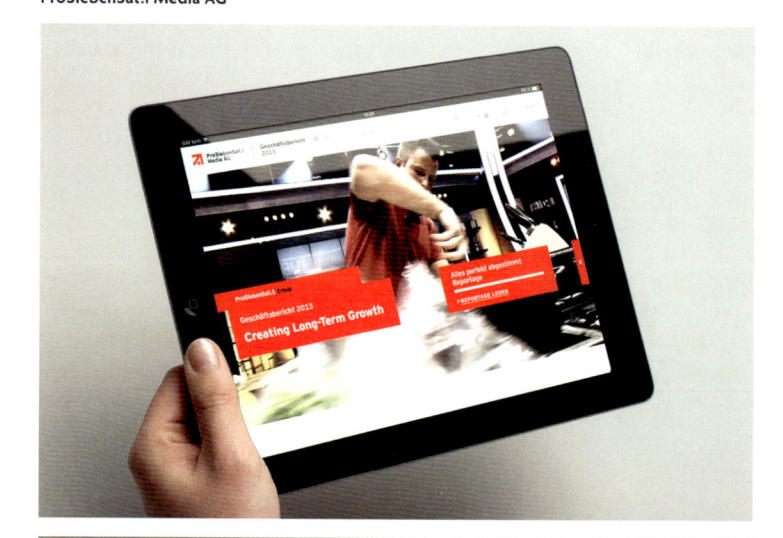

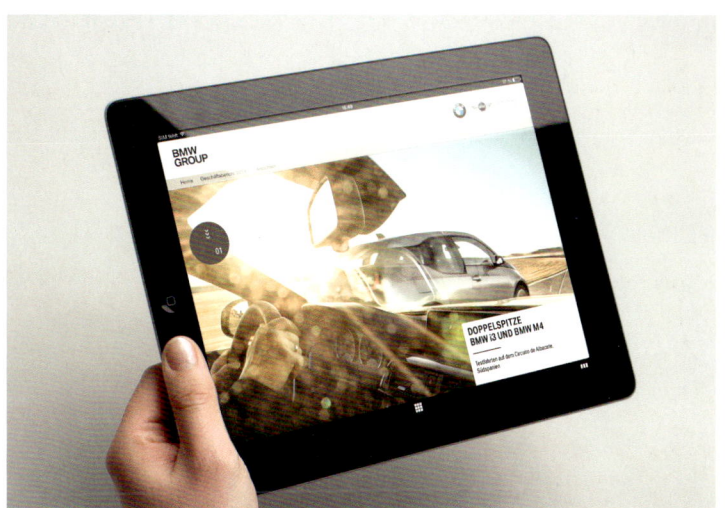

Geschäftsbericht 2013
BMW Group

Interbrand

Anschrift	Interbrand Weinsbergstraße 118a 50823 Köln
Fon	(02 21) 951 72-0
Fax	(02 21) 951 72-100
Mail	cee.contact@interbrand.com
Web	www.interbrand.com

Standort Berlin:
Neue Schönhauser Straße 3-5
10178 Berlin

Standort Hamburg:
Zirkusweg 1
20359 Hamburg

Standort Zürich:
Kirchenweg 5
8008 Zürich

Kontakt
Justus Schneider (Chief Executive Officer)
Dr. Jürgen Häusler (Chairman)
Andreas Rotzler (Chief Creative Officer)
Nina Oswald (Managing Director Germany)
Michel Gabriel (Managing Director Zurich)

Spektrum
Analytics
Brand Engagement
Brand Strategy
Brand Valuation
Corporate Design
Digital Strategy
Digital Brand Management
Naming
Packaging Design
Retail Design
Verbal Identity

Philosophie
Brands have the power to change the world.
Creating and managing brand value.

Referenzen
ABB
Bayer
Borealis
DER
Evonik
graubünden
Hugo Boss
Lucerne Festival
Mercedes-Benz
Philips
SAP
Schindler
Unilever
u. a.

Verbindung

Content
Airport Guide
Munich Airport at a glance

Living ideas - Connecting lives

bindung leben

Jäger & Jäger

Anschrift Jäger & Jäger
Heiligenbreite 52
88662 Überlingen

Fon (0 75 51) 94 80 90-0
Fax (0 75 51) 94 80 90-1
Mail info@jaegerundjaeger.de
Web www.jaegerundjaeger.de

Kontakt Regina Jäger

Spektrum Corporate Design
Brand Identity
Corporate Communication
Exhibition Design

Philosophie „Das Beste kommt noch"

Außergewöhnliche Unternehmenskommunikation ist heute so wichtig, wie das Angebot selbst. Aber Außergewöhnliches ist bekanntlich nicht mehrheitsfähig. Jenseits des Durchschnittlichen braucht man Überzeugung, Durchsetzungskraft und Leidenschaft. Innovation braucht Mut und Vertrauen. In Visionen, Ideen und in die eigene Haltung.

Awards European Design Agency of the year 2013

Kunsthalle Mannheim
Corporate Design

Biennale Venedig, Deutscher Werkbund
Ausstellungsplakat

Hotel Residenz Pazeider
Markenentwicklung, Corporate Design

GERA Leuchten
Website

halbacht
Brand Identity

RBB, Utraschall
Brand Identity

Shop Systems
Positioning, Produktkataloge

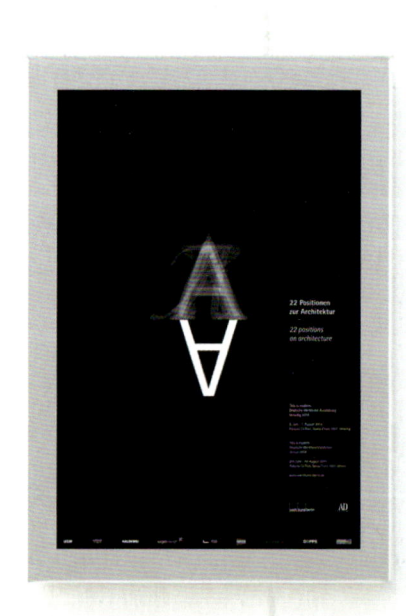

PAZEIDER
Hotel / Residenz /
Quelle / Bad

Herzlich gerne gut. Pazeider.

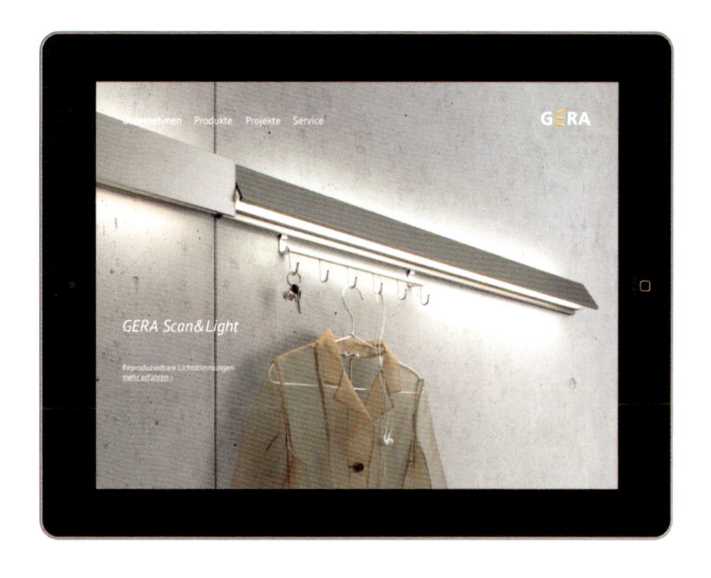

PAZEIDER
Hotel / Residenz /
Quelle / Bad

Herzlich gerne gut. Pazeider.

GERA Scan&Light

ultra
schall
berlin

/8

halbacht bist du zu Hause.

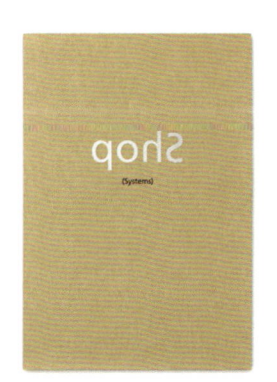

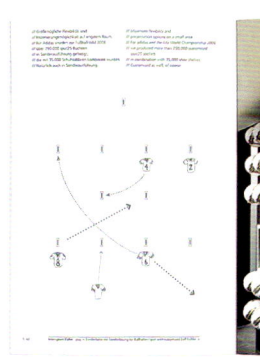

Shop
(Systems)

Systems

aluline

JANSSEN GOUTTE

Anschrift	JANSSEN GOUTTE Werbeagentur GmbH Hohe Bleichen 18 20354 Hamburg
Fon	(0 40) 35 96 31 71-0
Fax	(0 40) 35 96 31 71-26
Mail	hallo@janssengoutte.de
Web	www.janssengoutte.de
Kontakt	Ralf Janssen (0 40) 35 96 31 71-14 janssen@janssengoutte.de

Spektrum
Klassische Kommunikation
Online Marketing
Social Media
Markenentwicklung
Corporate Design
Direktmarketing
Verkaufsförderung/Promotion
Events und Messen

Philosophie
Wir stecken unsere gesamte Energie in Ideen, die zwischen Marken und Menschen eine Beziehung herstellen. Marken, die das Leben einfacher und schöner machen für alle Menschen. Die nicht nur reden und reden, sondern auch zuhören, reagieren und begeistern. Und das über alle Medien und Technologien hinweg. Dabei entscheiden wir uns für einen Weg, der Menschen und Marken zur richtigen Zeit am richtigen Ort miteinander verbindet. Dort erwecken wir genau die richtige Idee zum Leben.

Referenzen
GBI
Hamburg Airport
HANSAINVEST
HCH – HandelsContor Hamburg
Hermes Transport Logistics
Imtech Deutschland
König Appartement Sylt
König Immobilien Sylt
Panasonic
raumplus
Schweinske
SIGNAL IDUNA Versicherungen
Stadtwerke Zeven
TIPPER TIE
WEP
Zeppelin Power Systems

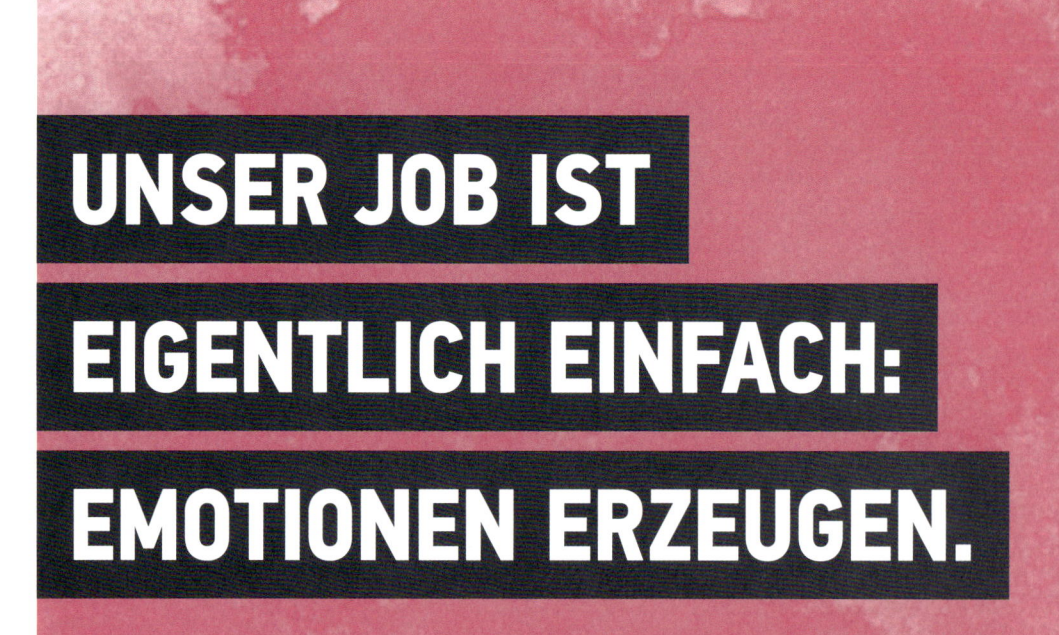

UNSER JOB IST EIGENTLICH EINFACH: EMOTIONEN ERZEUGEN.

Manchmal hält die erste Liebe läng als die zweiten Zähne.

JANSSEN GOUTTE

Da unser Girokonto kostenlos ist, können Sie sich woanders **etwas mehr gönnen.**

SIGNAL IDUNA
gut zu wissen

WAS HABEN ELEFANTENOHREN MIT EINEM BÜROGEBÄUDE ZU TUN?

www.imtech.de

Imtech

SIGNAL IDUNA
gut zu wissen

justblue.design

Anschrift justblue.design GmbH
Borselstraße 20
22765 Hamburg

Fon (0 40) 38 60 33-0
Fax (0 40) 38 60 33-11
Mail info@justblue.de
Web www.justblue.de

Kontakt Sebastian Beck
Jörg Ratzlaff

Spektrum Markenberatung
Designberatung
Packaging Design
Brand Design
Corporate Design
Formgestaltung

Philosophie justblue.design arbeitet seit fast 20 Jahren in den Bereichen Produktdesign und Packaging. Unser Aufgabenbereich beinhaltet den dreidimensionalen Entwurf von Produkten sowie die Verpackungs- und Markengestaltung für ein breites Kundenspektrum. Wir betrachten unsere Arbeit als Dienstleistung für Kunden und Marken und nicht als künstlerische Selbstverwirklichung. Design steht für uns immer im Zeitzusammenhang, reagiert auf gesellschaftliche Strömungen und muss sich deshalb neben den markenindividuellen Zielen immer auch an aktuellen Trends orientieren. justblue.design hat durch seine Arbeit in den verschiedenen Geschäftsfeldern und für unterschiedlichste Kunden die Möglichkeit, Tendenzen, die sich zu Trends ausweiten können, interdisziplinär wahrzunehmen und in Projekte einfließen zu lassen.

Referenzen AB-Inbev
Berendsohn
Beiersdorf
Bitburger
BMW
C-Bons
Dt. Sisi Werke
Diageo
Doetsch Graether
Dr. Scheller
Genossenschaft Deutsche Brunnen
Hansa Mineralbrunnen
Hochland
King's Tobacco
Krombacher
L&R Beauty and Health Systems
Paulaner
Pelikan
Procter & Gamble
Radeberger Gruppe
Reemtsma
Schwartauer Werke
Schwarzkopf Professional
Schweppes
Stabilo
Tchibo
Taiwan Video System
Unilever
Vilsa Brunnen
Vinprom Peshtera
Wella

HAMBURG
HAMBURG
BECK'S QUALITY
REG.
TM.
BECK'S
Schweppes
DRY
TONIC WATER
1783
Schweppes
MUM
DRY EFFECT
Dry
48h+
PROTECTION
ANTI-PERSPIRANT
SKIN FRIENDLY

KAAPKE

Anschrift KAAPKE GmbH
Süd-Allee 2
49685 Emstek/ecopark

Fon (0 44 73) 943 38-0
Fax (0 44 73) 943 38-38
Mail hallo@kaapke.com
Web www.kaapke.com

Kontakt Timo Kaapke

Spektrum Wir sind davon überzeugt, dass Marke auch im Mittelstand eines der wichtigsten Instrumente strategischer und erfolgreicher Unternehmensführung ist. Als mittelständisches Unternehmen begleiten und unterstützen wir seit über 14 Jahren mittelständisch geprägte Unternehmen bei ihren Entwicklungsschritten zu einer starken Marke – ganzheitlich, individuell, mittelständisch.

Als Sparringspartner entwickeln wir gemeinsam mit Verantwortlichen Markenstrategien und begleiten sie beratend im Sinne einer ganzheitlichen Markenführung. Um Menschen mit der Marke zu erreichen, entwickeln und realisieren wir Marketing-Kommunikationskonzepte, Kampagnen und Maßnahmen. So entstehen Ideen stets im Einklang mit der Identität der Marke und sinnvoll vernetzt in klassischen und digitalen Medien.

Referenzen Böckmann Pferdeanhänger
Bünting Tee
delo Verpackungen
ecopark Gewerbepark
Eipro Eiprodukte
Grimme Landmaschinen
KS-ORIGINAL Kalksandstein
Pöppelmann Kunststoffprodukte

Wer wirklich was bewegen will, muss ans Eingemachte.

Jetzt Infopaket anfordern unter:
www.kaapke.com/eingemachtes

kai thomas design

Anschrift kai thomas design GmbH
Bahrenfelder Straße 322
22765 Hamburg

Fon (0 40) 39 90 77 13
Mail info@kaithomasdesign.de
Web www.kaithomasdesign.de

Kontakt Kai Thomas

Spektrum
– Markenkonzeption, z. B. Positionierung, Entwicklung von Strategien und Maßnahmen

– Fahrzeuggestaltung, z. B. Leitsysteme, Außen- und Innendesign, Aufkleber sowie Sitzbezüge

– Printprodukte, z. B. Geschäftsberichte, Anzeigen, Plakate, Fahrpläne und Flyer

– Verpackungsdesign
– Gestaltung für Web und mobiles Internet
– Ausstellungs- und Messedesign und Give-aways

Philosophie Wir sind eine inhabergeführte Agentur mit einem kleinen, gut eingespielten Kompetenzteam, das wir je nach Bedarf mit erprobten Marketingfachleuten ergänzen. Gemeinsam das Beste für Unternehmen und Marken zu erreichen, bedeutet für uns Herausforderung, Spannung und eine Menge Spaß.

ktd. entwickelt und übersetzt Marken in Raum, Ton und Bild und verbindet Marke und Markt mit kreativen Lösungen – off- und online, natürlich immer mit Blick aufs Ganze und Liebe zum Detail.

Mit einem Team von spezialisierten, erfahrenen Mitarbeitern erarbeiten wir perfekt auf die Bedürfnisse des Kunden zugeschnittene Lösungskonzepte. So ist es für uns ebenso möglich, für international renommierte wie für lokale Marken zu arbeiten, die in der Zukunft noch ein starkes Wachstumspotenzial haben.

ktd.

fresh infusion by ktd.

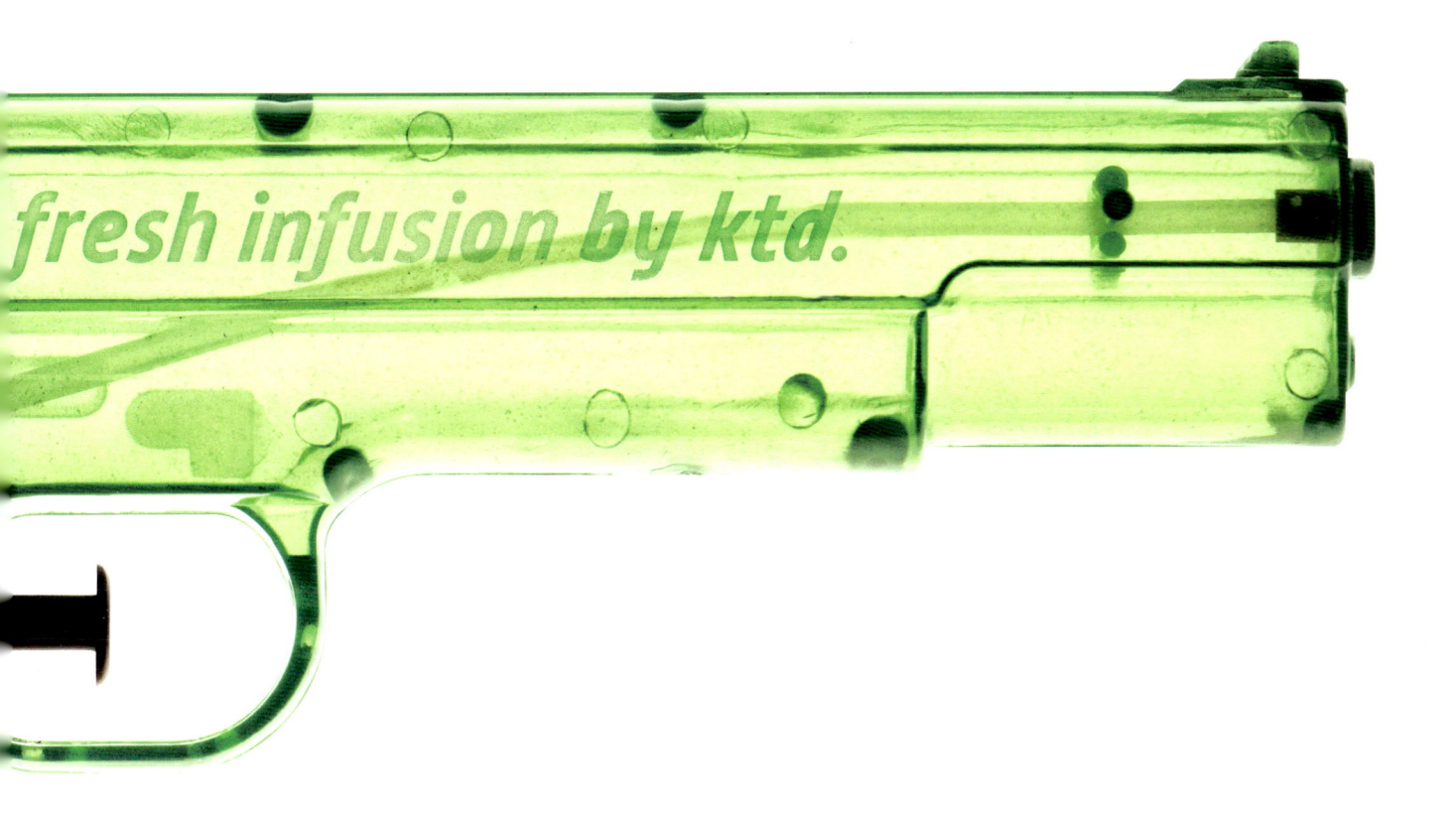

kai thomas design.

Treffende Lösungen,
gezielte Kommunikation,
spritzige Gestaltung.

Wir erledigen das für Sie:
www.kaithomasdesign.de

Khalil + Freunde

Anschrift Khalil + Freunde GmbH
Marketing | Kommunikation
Mercedesstraße 17
71384 Weinstadt

Fon (0 71 51) 604 57-0
Fax (0 71 51) 604 57-57
Mail info@khalil-freunde.de
Web www.khalil-freunde.de
www.kf-relations.de

Kontakt Dipl.-Betriebswirt Ihsan Khalil

Spektrum Wir entwickeln und realisieren effizienzorientierte, vertriebsfördernde Marketing- und Kommunikationsmaßnahmen.

1. Markenentwicklung und Corporate Design
2. Marken- und Unternehmenskommunikation
3. Presse-/Öffentlichkeitsarbeit, Messe, Event
4. Digital Business-Lösungen (Web/App/Augmented Reality/CMS)
5. Bewegtfilm (Imagefilme/Produktfilme)
6. Public Relation

Philosophie Reden wir Klartext: Es geht nicht nur um Mut oder Fleiß oder die berühmt berüchtigte Goldidee. Es geht vielmehr um Umsatz, Image, Vertrieb und den Weg dorthin. Die Wenigsten kennen den Unterschied zwischen Effektivität und Effizienz. Wir setzen uns mit allen erdenklichen Mitteln für die Erreichung Ihrer Vertriebs-, Umsatz- und Imageziele ein und wir wissen, wie man diese Mittel auch richtig einsetzt. Hier unser Vorschlag: Weihen Sie uns in Ihre Probleme oder Ihre Aufgabenstellung ein und wir gehen sie dann an. Einverstanden?

• Seit über 17 Jahren realisiert Khalil + Freunde bedingungslos gute Markenkonzepte für Industrie, Handel und Dienstleister.
• Wir sind Vorbereiter, Wegbereiter und Begleiter in der digitalen Markenführung.
• Wir sind Marketing- und Kommunikationsspezialisten mit Mut, Herz und Verstand.
• Erfolgreiche Konzepte zu entwickeln und umzusetzen ist nicht nur eine Frage des Wollens, sondern auch eine Frage des Könnens. kf+-Kunden setzen auf höchstes akademisches Know-how.

Referenzen Königsegger WalderBräu AG
ADMEC AG
Allianz AG
H. Stoll GmbH & Co. KG
COMPUTEC AG
Metallux AG
EBS Business School
Schwaben Personal OHG
Naus Funkenerosion GmbH
Wüstenrot
Schnaithmann GmbH
Jack Rattle
SchorndorfCentro e. V.
Hega systems GmbH

Awards VdWa-zertifiziertes Mitglied
Mitglied im Beraternetzwerk

TOLLE, SCHÖNE BILDER UND KAMPAGNEN FINDEN SIE AUF DEN SEITEN VOR UNS UND...

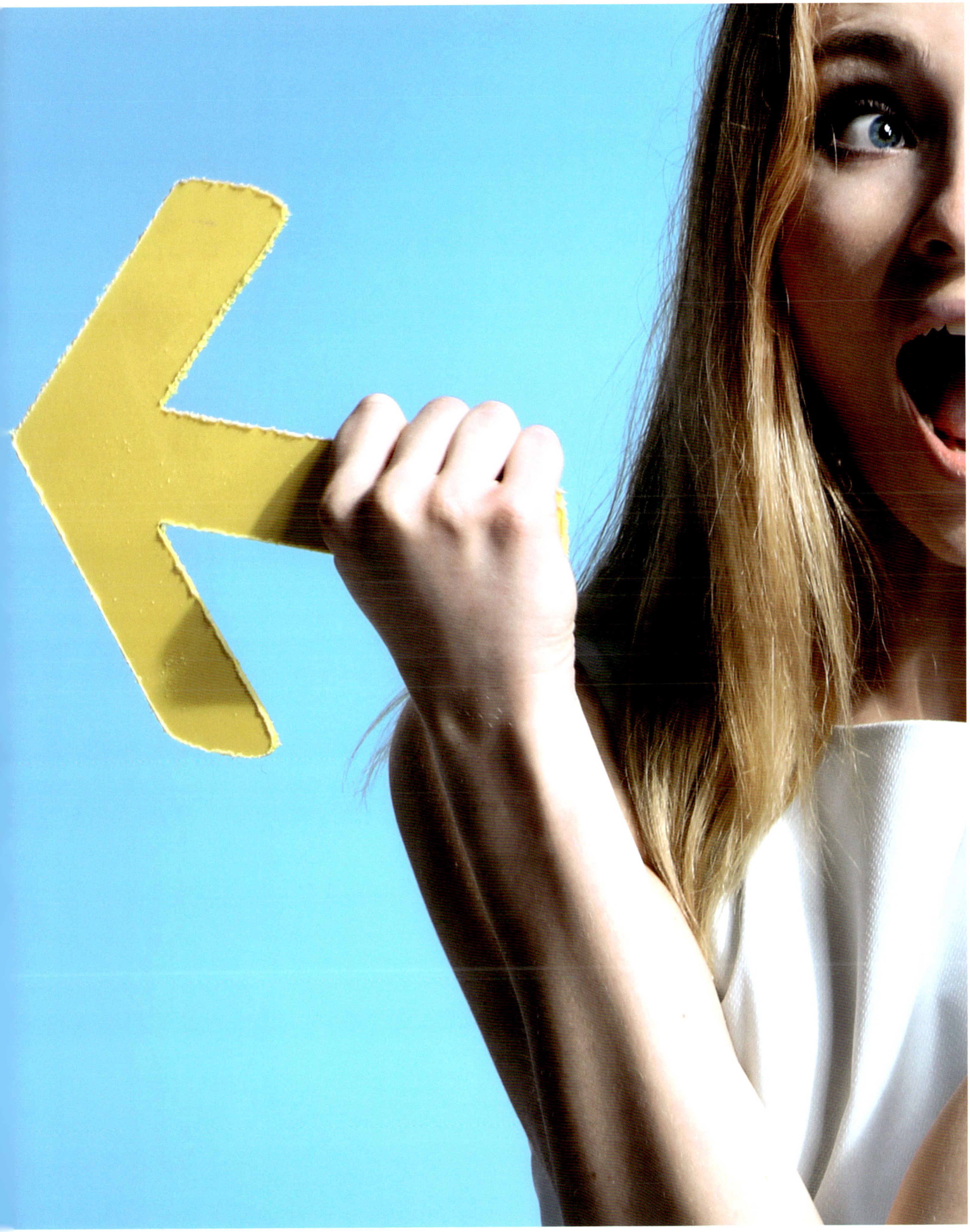

...NACH UNS.

kf+

Khalil + Freunde
MARKETING | KOMMUNIKATION

www.khalil-freunde.de
Khalil + Freunde GmbH | Mercedesstraße 17 | 71384 Weinstadt

Deshalb ersparen wir Ihnen an dieser Stelle unsere Bilder und sagen Ihnen lieber, wo der Unterschied zwischen uns und den anderen liegt:

+ Wichtigstes Unterscheidungs- und Erkennungsmerkmal von Khalil + Freunde ist die Kombination aus Innovations- und Ideenmanagement mit den Vorzügen einer starken Full-Service-Agentur.

+ Das Ergebnis sind durchdachte, effiziente und intelligente Marken- und Produktinszenierungen mit Anspruch.

+ Kurz gesagt: Wir entwickeln und realisieren effizienzorientierte, vertriebsfördernde Marketing- und Kommunikationsmaßnahmen.

Unsere Kampagnen und Projekte können Sie digital anschauen. Code scannen und los gehts. Entdecken Sie den Unterschied.

Kolle Rebbe

Anschrift
Kolle Rebbe GmbH
Dienerreihe 2
20457 Hamburg

Fon (0 40) 32 54 23-0
Fax (0 40) 32 54 23-23
Mail hallo@kolle-rebbe.de
Web www.kolle-rebbe.de

Kontakt
Stefan Kolle (Kreation)
Stephan Rebbe (Beratung)
Andreas Winter-Buerke (Beratung)
Ralph Poser (Strategie)
Stefan Wübbe (Kreation)
Fabian Frese (Kreation)
Kai Müller (Finanzen)

Spektrum
Kolle Rebbe arbeitet in einem ganzheitlichen Modell, in dem Spezialisten aller Disziplinen unter einem Dach zusammenarbeiten (Klassik, Online, Social Media, Design, VKF, Literatur und Events).

KOREFE - Kolle Rebbe Form und Entwicklung: KOREFE ist die integrierte Design- und Innovationsagentur von Kolle Rebbe. Arbeitsschwerpunkte sind: Corporate Identity, Corporate Design, Packaging und Produktinnovationen.

Referenzen
Aktion Mensch
Arte
Google
Hansgrohe
Hypo Vereinsbank
Leibniz
Lufthansa
LVM Versicherung
Misereor
Ritter Sport
TUI
u. a.

Awards
Jährlich über 100 Auszeichnungen und Medaillen bei Awardshows wie dem ADC, Cannes Lions, Clio, New York Festivals, iF Designaward, LIAA, One Show etc.

Lufthansa

ARTE

RITTER SPORT

Aktion Mensch

Misereor

Lufthansa

Leibniz

Hansgrohe

Google

Kolle Rebbe

kom

Anschrift
kom
Agentur für Kommunikation und Marketing GmbH
Bodelschwinghstraße 9
70597 Stuttgart

Fon (07 11) 767 81-0
Fax (07 11) 767 81-88
Mail kom@kom-stuttgart.de
Web www.kom-stuttgart.de

Kontakt
Reiner X. Sedelmeier
Sven Ruhs

Spektrum
Inhalte statt Worthülsen. Werthaltigkeit statt Werbesprüche. Loyalität statt Verführung. Corporate Publishing hat sich zur Königsdisziplin entwickelt. Unser Corporate Publishing Department beherrscht Branded Content und Storytelling aus dem Effeff. Dazu gehören Relaunch und Neukonzeption von Kundenmagazinen, Design von Corporate Books, Unternehmensliteratur und Mitarbeiter-News. Print und online.

Das Team von Redakteuren, Fachjournalisten, Fotografen, Art-Direktoren und Grafik-Designern haucht z. B. einem der größten, IVW geprüften Sportmagazine in Deutschland Inhalt und Aussehen ein. Mit dem Background langjähriger Erfahrung in Markenkommunikation und Retail Marketing.

Awards
SPORTSLIFE MAGAZINE BY INTERSPORT
Corporate Media FOX Visual Gold Award 2014
Corporate Media FOX Efficiency Silver Award 2014

WEITBLICK JOURNAL BY MCKINLEY
Corporate Media FOX Efficiency Silver Award 2014

FEBRUAR 2014
sportslife.
by INTERSPORT
SPEZIAL: FITNESS-LIEBLINGE
ROCK'N' ROLL
> WAS IN DER NEUEN RUNNING-SAISON DEN TON ANGIBT
MIT WELCHEM FUSSBALLPROFI TRETEN DIE MARKEN AN? / VITAMINBOMBEN / IM TEAMBUS MIT FRISCH AUF! GÖPPINGEN / RUNNING AUF MAURITIUS / DIE LIZENZ ZUM QUÄLEN: CROSSFIT / SPORT IST DIE BESTE MEDIZIN / EXOTEN IN SOTSCHI

Kontrast Communication Services

KONTRAST COMMUNICATION SERVICES

Anschrift Kontrast Communication Services GmbH
Grafenberger Allee 100
40237 Düsseldorf

Fon (02 11) 915 05-0
Fax (02 11) 915 05-155
Mail info@kontrast.de
Web www.kontrast.de

Kontakt Joachim Fischer

Spektrum Kontrast unterstützt seine Kunden mit einer breit gefächerten, medienübergreifenden Branchenerfahrung. Kompetenzen: Klassische Werbung, Customer Relationship Management, POS- und Co-Marketing, Dialog-Marketing, Digital PrePress, Retusche und Composing, Data Management/DataBase Business, Online-Marketing, Programmierung, IT Consulting, Projektmanagement, Training/Web-Training, Public Relations, HD-Video-Produktion, 3D-Scan, Social Media Marketing, 2D/QR-Codes, Mobile Apps, Augmented Reality.

Philosophie Als eine der großen, inhabergeführten Full Service Agenturen in Deutschland mit über 135 Mitarbeitern bietet Kontrast flexibles Know-how mit viel Passion für nahezu alle relevanten Anforderungen zeitgemäßer Kommunikation. Eine gelungene Verknüpfung von Strategie, Kreativität und Technik ist unsere Stärke. Das beweisen wir gern – nunmehr seit über 20 Jahren!

Referenzen AOK Rheinland/Hamburg
AWB Köln
Bankhaus Lampe
Bayer Material Science
E.ON
Henkel
HEXAL
Hipp
Johnson & Johnson
KEUCO
Krombacher
Loesche
OBI
RATIONAL AG
RWTH Aachen Campus
Santander Consumer Bank
Santander Bank
Schmitz-Werke
Schöning
Shoe4You
Toshiba
ThyssenKrupp
Vodafone

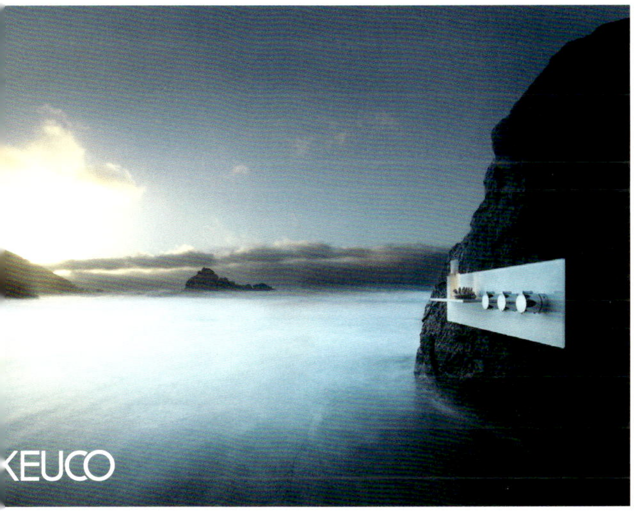
KEUCO

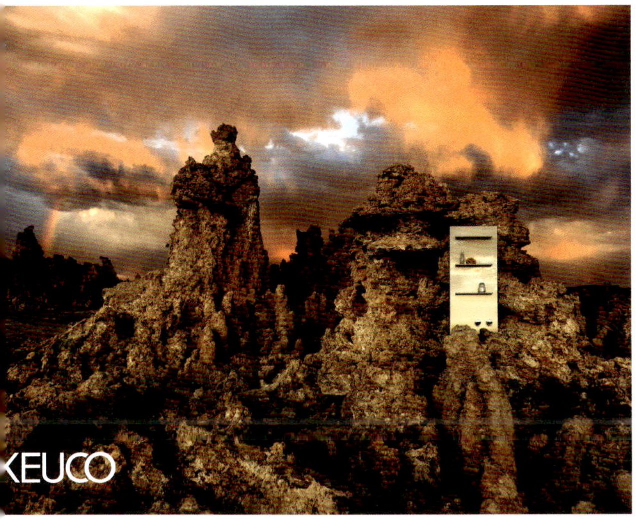
KEUCO

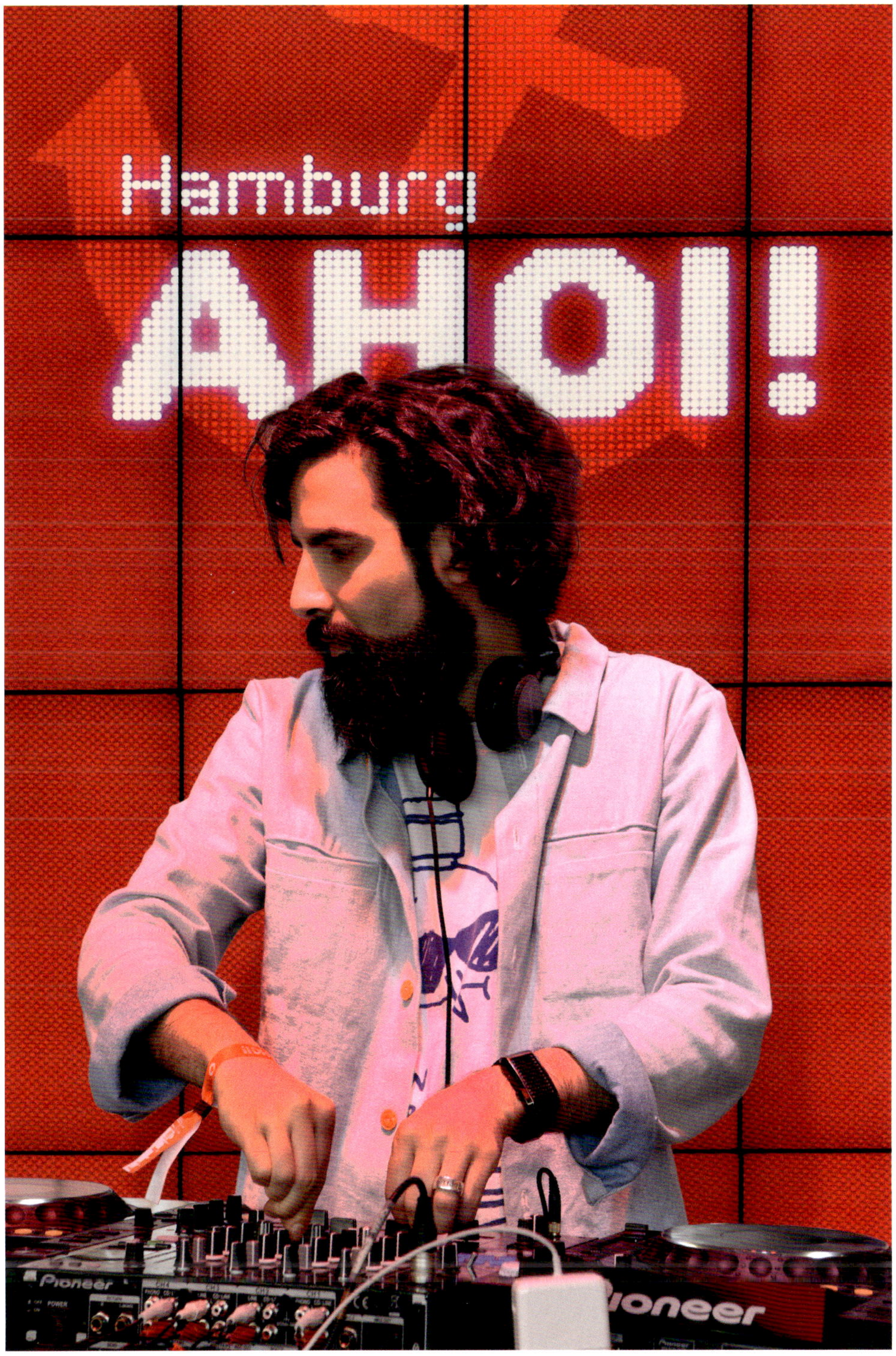
Hamburg
AHOI!
Pioneer

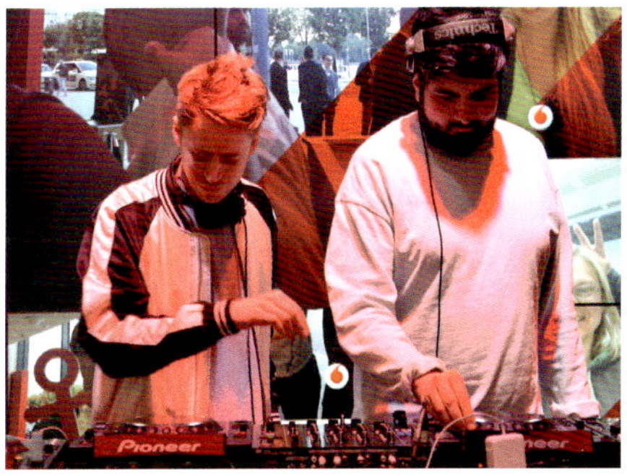

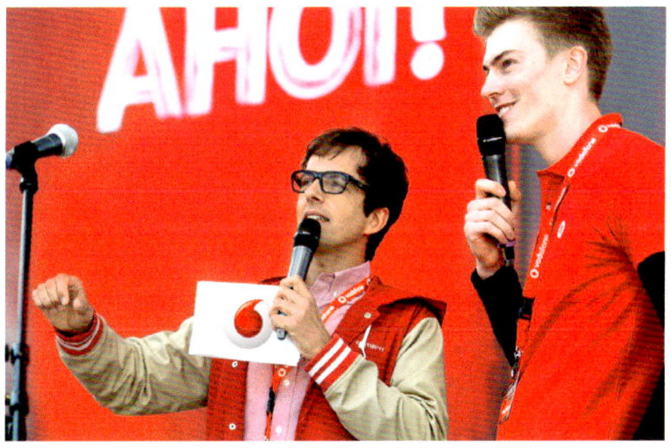
AHOI!

Lambie-Nairn

Anschrift Lambie-Nairn & Company Limited
Rosenheimer Straße 145d
81671 München

Fon (0 89) 203 00 45 10
Fax (0 89) 203 00 45 60
Mail b.doble@lambie-nairn.com
Web www.lambie-nairn.de

Kontakt Brad Doble

Spektrum Markenstrategie und -positionierung
Markenarchitektur
Markenportfolio-Strategie
Markeninnovation
Naming
Markengestaltung (on- & offline)
Corporate Identity & Design
Bewegtbild und 3D-Marken
Tone of Voice
Brand Experience
Brand Guidelines
Brand Guardianship
Internal Engagement

Philosophie We bring brands to life.
Lebendige Marken für eine dynamische Zeit. Nachhaltiger Markenerfolg ist unser oberstes Ziel. Brand Guardianship und langfristige Markenführung sind unsere Expertise. Damit eine Marke immer lebendig und faszinierend bleibt.

Referenzen o2, Telefónica, Airbus Group, BBC, ITV, Channel 4, Eurosport, Fifa, Arena, Katar 2022, Schleich, EA Games, Hotels.com, Airtours, Mandarin Oriental, Glaxosmithkline

Awards 2014 Roses Creative Awards: Corporate Identity
Silver: Choreograph
2014 Brandemia Awards: Best brand created in Spain or Latin America
Winner: Espacio Fundación Telefónica
2014 Red Dot Awards: Communication Design
Best of the Best for top design quality: Key4Life
2014 Red Dot Awards: Communication Design
Winner: Invictus Games
2013 Red Dot Awards: Communication Design
Winner: Qatar 2022 Supreme Committee
2013 El Sol Awards
Gold: Espacio Fundación Telefónica
2013 DBA Design Effectiveness Awards
Bronze: Telefónica Employee Engagement
2013 Eyes & Ears of Europe
Bestes Informations- oder Nachrichtendesign:
ITV News
2012 Eyes & Ears of Europe
Spezialpreis für Beste Kreation: Text Santa
2012 European Excellence Awards:
Best Change Communication Campaign
Gold: Telefónica
2012 DBA Design Effectiveness Awards:
Packaging Bronze: GLORIOUS!
u.v.m.

Lambie-Nairn

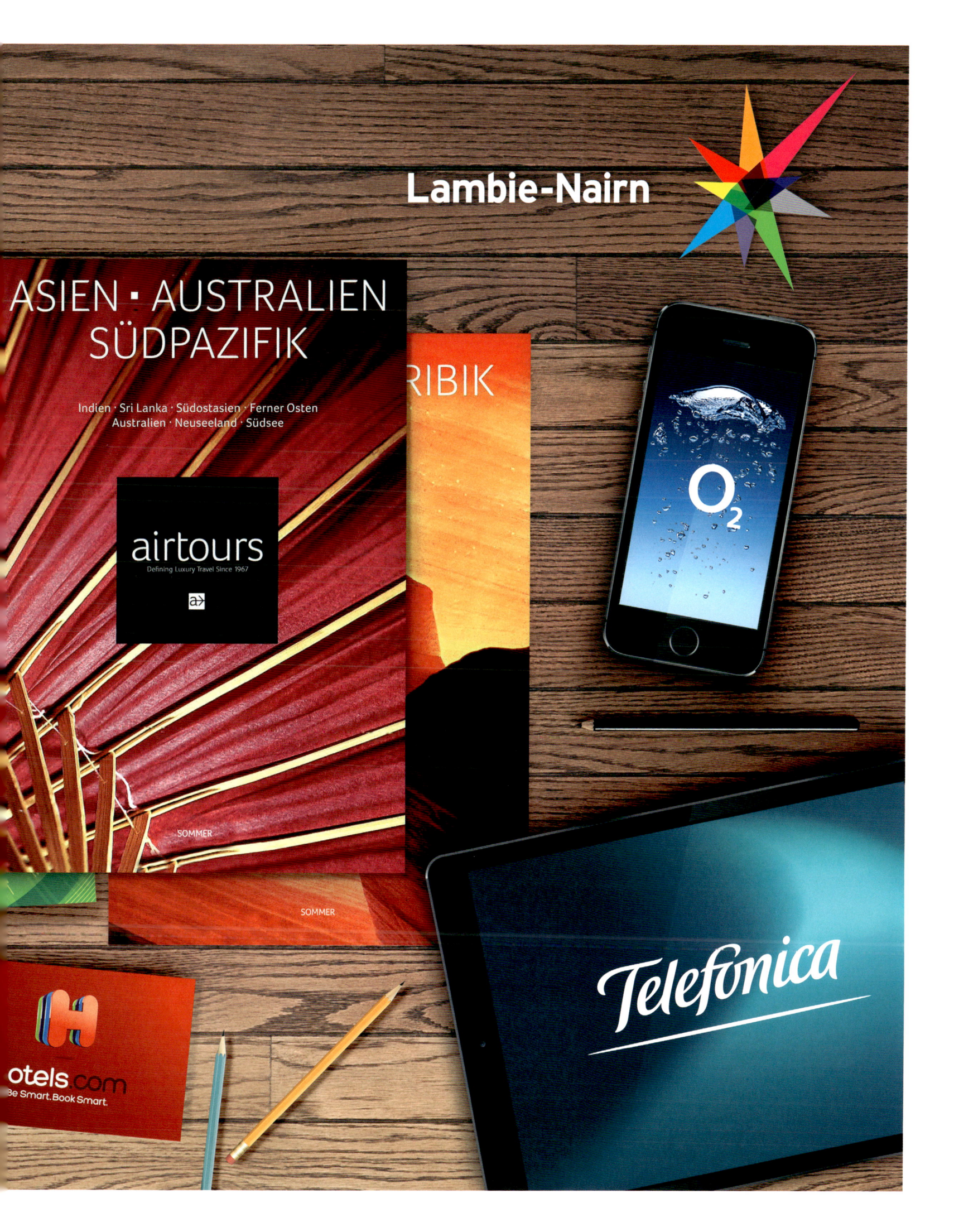

ASIEN · AUSTRALIEN
SÜDPAZIFIK

Indien · Sri Lanka · Südostasien · Ferner Osten
Australien · Neuseeland · Südsee

airtours
Defining Luxury Travel Since 1967

RIBIK

SOMMER

SOMMER

O₂

Telefónica

otels.com
Be Smart. Book Smart.

Landor Associates

Anschrift Landor Associates GmbH
An der Alster 47
20099 Hamburg

Fon (0 40) 37 85 67-0
Fax (0 40) 37 85 67-71
Mail hello.hamburg@landor.com
Web www.landor.com/hamburg

Kontakt Airi Loddoch

Spektrum Landor Associates ist eine der weltweit führenden Markenberatungen für Strategie, Design und Kommunikation und beschäftigt zur Zeit 900 Mitarbeiter in 27 Büros und 20 Ländern. Seit nunmehr über 70 Jahren leistet Landor Associates Pionierarbeit in der ganzheitlichen Entwicklung und Führung von Marken und ist Vordenker und Impulsgeber in den Bereichen:

Analysen & Insights:
Konsumenten- und Marktsegmentierung
Markenerlebnis-Analyse
KPIs

Strategie & Ideenentwicklung:
Markenstrategie und -architektur
Markenpositionierung
Innovation

Markenerlebnisentwicklung:
Corporate Design
Packaging Design
Digital Design

Aktivierung & Implementierung:
Implementierung- und Roll-Out-Strategie
Interne Markenführung
Brand Management Systeme

Philosophie Wir stehen für „brand-led business transformation", denn wir helfen weltweit Unternehmen sowohl ihre Marken- und Identitätsstrategien zu entwickeln und optimieren, als auch erfolgreich Veränderungsprozesse zu gestalten. Immer mit dem Ziel, den wirtschaftlichen Erfolg und die Zukunftsfähigkeit der Unternehmen nachhaltig zu steigern.

Referenzen Adelholzener, BASF, Bayer, Berlitz, Blackberry, BMW, Campbell's, Citibank, Danone Numico, Diageo, dm-drogeriemarkt, Ernst&Young, FC St. Pauli, FedEx, Fraunhofer, Hochland, IKEA, Johnson & Johnson, Lufthansa Miles & More, Marks & Spencer, Microsoft, MINI, PepsiCo, Philipp Morris, Procter & Gamble, Russian Copper Company, Steigenberger Hotel Group, Volkswagen, Vorwerk, WMF

Awards 2014 Cannes Lions International Festival of Creativity (Gold, Product Design*)
2014 CLIO Awards
2014 Graphis Design Annual
2014 New York Festivals
2014 REBRAND 100 Global Awards

* The Central Park Conservancy – Für den berühmten New Yorker Central Park hat Landor ein neues Abfall- und Recycling-System, bestehend aus drei umweltfreundlichen Abfallbehältern, entwickelt und gestaltet. Mehr unter: http://landor.com/#!/about/awards/

Proud winner of the first Cannes Lion for product design 2014

CANNES LIONS
PRODUCT DESIGN
2014 WINNER

Leiseder Kommunikation Plus

Anschrift
Leiseder Kommunikation Plus GmbH & Co. KG
Bult 2
21029 Hamburg

Fon (0 40) 72 56 05-0
Fax (0 40) 72 56 05-25
Mail info@leiseder-kp.de
Web www.leiseder-kp.de

Kontakt
Marcus Leiseder
(Geschäftsführer)

Spektrum
Beratung und Strategie
Print Kommunikation
Online Kommunikation
Corporate Design
Corporate Publishing
Interne Kommunikation
Event Kommunikation
Messeausstattung
Interior Design

Philosophie
Wir machen die Welt unserer Kunden zu unserer Welt. Auf dieser Basis entwickeln wir Botschaften, die Menschen erreichen.

Referenzen
Aviation Quality Services
Claere Jung Stiftung
Concept-Immobilien
Das Rauhe Haus
db. Der Optikerkreis
Ed. Züblin AG
ei-film
Flachglas Nord-Ost
Flachglas (Schweiz) AG
FLACHGLAS Wernberg
FlightCrew Academy
hmb Quarzglas
InterCockpit
Lufthansa Flight Training
nat. Fine Bio Food
SAGA GWG
Sellhorn Holding
Sellhorn Ingenieurgesellschaft
STRABAG Offshore Wind
str.ucture
tesa SE
Velociped
Yachtclub Zollenspieker e. V.
Zollenspieker Fährhaus

Awards
Gold Award der 2010 Air Transport World AdAwards
Designpreis der Bundesrepublik Deutschland 2009 (Nominierung)
red dot award: communication design 2008
FIZZZ Award für das beste Corporate Design der Gastro-Szene 2008

Wir wissen, wie es geht – und fliegt.
Unsere Kommunikation kommt an. Mit Liebe zum Detail bringen wir Menschen zusammen, Inhalte auf den Punkt und Unternehmen ans Ziel.

Leiseder

str.ucture GmbH
Vaihinger Straße 157
70567 Stuttgart
str:ucture

FLACHGLAS GRUPPE
CREATE
Unser Designglas. Für Ihre Ideen.
Our design glass. For your ideas.

Liebchen+Liebchen

Anschrift
Liebchen+Liebchen
Kommunikation GmbH
Alt-Fechenheim 103
60386 Frankfurt am Main

Fon (0 69) 94 19 72-0
Fax (0 69) 94 19 72-36
Mail zentrale@LplusL.de
Web www.LplusL.de

Kontakt
Ilona Liebchen
Werner Liebchen

Spektrum Full-Service-Agentur mit den Schwerpunkten:
- Consulting
- Corporate Identity
- Corporate Design
- Corporate Publishing
- Editorial Design
- Digital Media

Philosophie Mehr als den Standard zu versprechen, ist einfach. Schon schwieriger: die angekündigte „Out-of-the-box"-Lösung auch zu liefern. Darum suchen wir nicht einfach nach neuen Ideen. Sondern fragen uns, wie eine Idee wirken muss, um neue Perspektiven zu öffnen.

Referenzen
Allianz Global Investors
Alte Leipziger Versicherung AG
Alzheimer Forschung Initiative e. V.
Bisnode Deutschland
CWS
Deutsche Bank (div. Fonds)
Deutsche Gesetzliche Unfallversicherung
Deutscher Derivate Verband
Evonik Industries AG
Helvetia Deutschland
Lufthansa Systems AG
Marsh GmbH
Orion Engineered Carbons GmbH
PricewaterhouseCoopers AG
Siemens AG
Umicore AG & Co. KG

Ihre Agentur im Osten Frankfurts
Vielfältig und kreativ

Diese Anzeige hättest du niemals so umgesetzt? Dann bewirb' dich: arbeiten@LplusL.de

**LIEBCHEN+
LIEBCHEN**

livewelt

Anschrift
livewelt GmbH & Co. KG
Berliner Straße 133
33330 Gütersloh

Fon (0 52 41) 210 90-0
Fax (0 52 41) 210 90-29
Mail info@livewelt.de
Web www.livewelt.de

Kontakt Ole Ternes, Geschäftsführer

Spektrum
Marken-Kommunikation:
Beratung, Konzeption, Kreation, Umsetzung, Kontrolle, Corporate Design, Corporate Communication, Print, Web, Digital, Foto, Video, Werbemittel

Live-Kommunikation:
Corporate Events, Incentives, Teambuilding, Messe, Eventarchitektur, Promotion, Sportmarketing, Pressearbeit

Philosophie
Immer die richtige Kombination
Wir verbinden kreativ und konsequent ...
... Ideen mit Lösungen
... Stories mit Erlebnissen
... Marken mit Menschen
... Strategie mit Handwerk
... Sportfaszination mit Produktwelten
... Unternehmen mit Testimonials

Referenzen
1. Kamghe Gaba
Ganzheitliche Kommunikation
www.kamghe.com
2. TRUW / GREEN'N FIT
Ganzheitliche Kommunikation
www.greennfit.de
3. Jan Ullrich
Ganzheitliche Kommunikation
www.janullrich.de
4. Storck
Ganzheitliche Kommunikation
www.storck-world.com
5. arvato Global Print Management
Unternehmenspräsentation für mobile Endgeräte
www.print-management.arvato.com
6. Deutsche Post DHL Business Golf Cup
Ganzheitliche Kommunikation
www.dp-dhl-bgc.de
7. Didi Senft
Ganzheitliche Kommunikation
www.didisenft.de

DAS BESTE AUS ZWEI WELTEN

01 **KAMGHE GABA**
PROFESSIONAL GERMAN SPRINTER

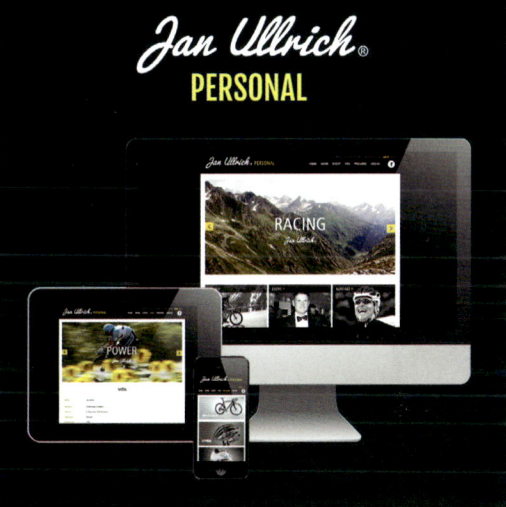

02 **Bäääm!**
GREEN'N FIT
MÜDE UND GESTRESST? | KOMMEN SIE NICHT WEITER? | TANKEN SIE WIEDER KRAFT UND ENERGIE!

03 Le Tour de France '97
Jan Ullrich PERSONAL
RACING
POWER

04 **STORCK**
STORCK WORLD

05 arvato BERTELSMANN
arvato GLOBAL PRINT MANAGEMENT

06 Deutsche Post DHL
BUSINESS GOLF CUP
AUSTRAGUNGSORTE

07 Didi
TOUR DE FRANCE
DIDI SENFT THE TOUR DEVIL
EL DIABLO

Lockstoff Design

Anschrift Lockstoff Design GmbH
Unterstraße 75
41516 Grevenbroich

Fon (0 21 81) 27 21 89
Fax (0 21 81) 27 21 90
Mail info@lockstoff-design.de
Web www.lockstoff-design.de

Kontakt Susanne Coenen
Nicole Slink

Spektrum Strategische Beratung
Markenbildung
Visuelle Kommunikation
Digitale Medien

Philosophie Gutes Design ist ein Lockstoff. Wir machen Design. Weil wir Design lieben. Weil wir gut darin sind, Marken erfolgreich am Markt aufzustellen und stark zu machen. Dazu entwickeln wir Strategien und Konzepte, entwerfen, implementieren und senden Botschaften. Wir erschaffen die Lockstoffe, die unseren Auftraggebern eine gewinnbringende Kommunikation ermöglichen.

Referenzen 1Live
Coca-Cola Erfrischungsgetränke AG
Corilon Violins
Gysi AG Chocolatier Suisse
Heinrich Heine Universität
IHK Krefeld
Institute for Energy, European Commission
HanseMerkur Versicherungsgruppe
Hyundai Motor Deutschland GmbH
Kunstverein Grevenbroich
Red Dot GmbH & Co. KG
Rhein-Kreis Neuss
Rhein-Kreis Neuss Kliniken
paläon – Forschungs- und Erlebniszentrum
Schöninger Speere
Sapa Aluminium GmbH
Schauinsland Reisen
sentivo GmbH
Stadt Schöningen
SV Group AG
Universitätsklinikum Düsseldorf
Wolfsburg AG

Awards Designpreis der Bundesrepublik Deutschland (Nominierungen)
DDC Award
German Design Award
iF communication design award
MfG Award
red dot award
red dot award »best of the best«
Wolda Award

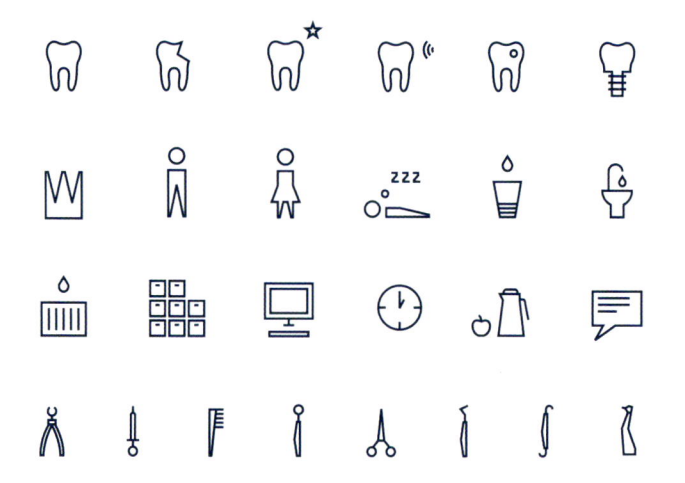

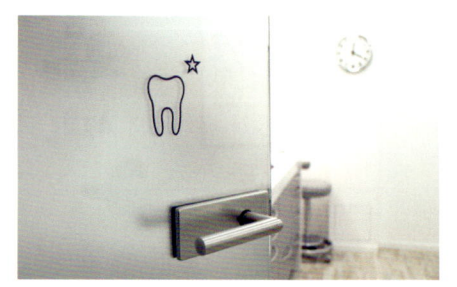

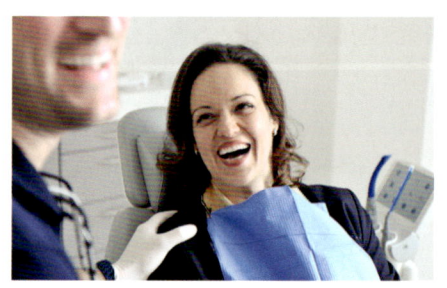

CORPORATE DESIGN FÜR DIE ZAHNARZTPRAXIS DR. MED. DENT. THOMAS HAUSER

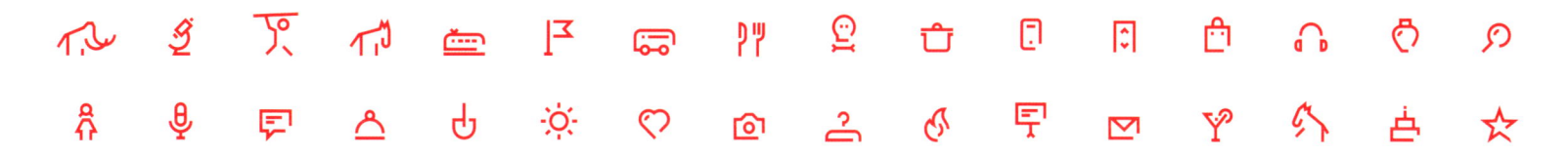

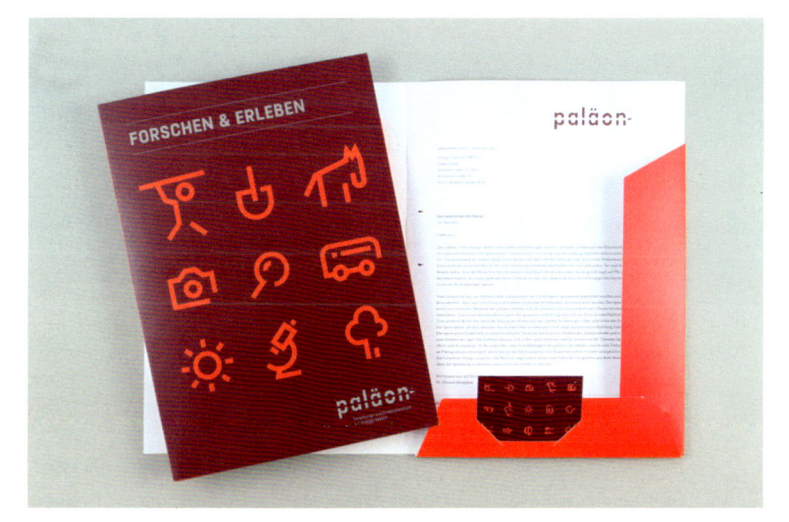

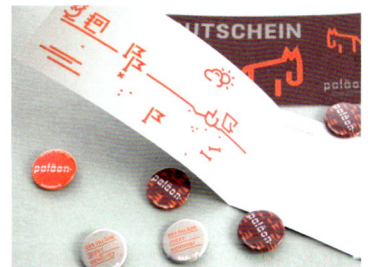

CORPORATE DESIGN FÜR DAS PALÄON – FORSCHUNGS- UND ERLEBNISZENTRUM SCHÖNINGER SPEERE

loved

Anschrift	loved gmbh Brandstwiete 46 20457 Hamburg
Fon	(0 40) 800 04 86-0
Fax	(0 40) 800 04 86-99
Mail	info@loved.de
Web	www.loved.de
Kontakt	Mieke Haase (GF Kreation) Michael Jacobs (GF Beratung) Peter Matz (GF Beratung)
Spektrum	Markenentwicklung Strategie Lookentwicklung CI/CD-Entwicklung Corporate Publishing App & Mobile Content Bewegtbild Literatur BtoB BtoC Kommunikation PoS-Werbung

Wir haben drei Magazine im Portfolio und somit auch eine komplette, eigene Redaktion vor Ort.

Philosophie Wir verstehen uns als Agentur für Marken, Inhalte und Gestaltung – über die Disziplinen hinweg. Dabei zeichnet uns einerseits die Fähigkeit aus, Komplexität stark zu vereinfachen, und andererseits die Liebe zum Detail in unserem kreativen Tun.

Referenzen
- Adler
- Audi
- Braunschweiger Zeitungsverlag
- Gaggenau
- Görtz
- Grohe
- Laurèl
- Lloyd
- LOVED&FOUND
- Martens & Prahl
- Marc O'Polo
- Montblanc
- Schwarzkopf Henkel
- Unilever
- Vaillant
- u. a.

Awards
- ADC Deutschland
- ADC of Europe
- BCP
- Galaxy Awards
- iF communication design award
- Mercury Excellence Awards
- red dot award

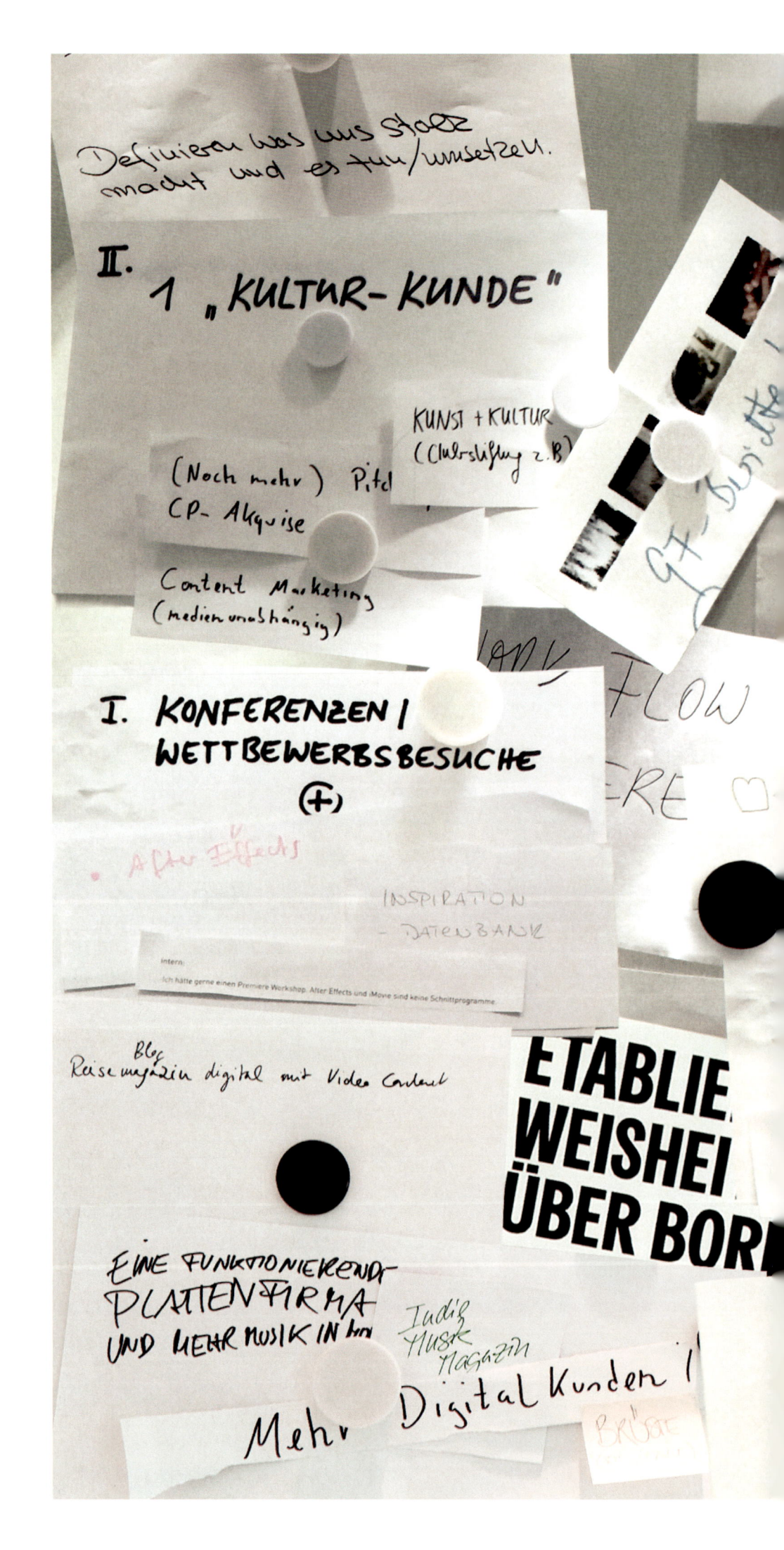

We ♥ challenges.

Wir lieben die Erfahrungen am meisten, die wir erst noch machen werden. Vielleicht möchten Sie uns herausfordern? Wir laden Sie und Ihre Marke gerne auf einen inspirierenden Workshop ein.

Markenliaison

Anschrift Markenliaison
Aventinstraße 1, RGB
80469 München

Fon (0 89) 21 02 43-51
Fax (0 89) 21 02 43-55
Mail welcome@markenliaison.com
Web www.markenliaison.com

Kontakt Diana Friedrich

Spektrum Corporate Branding & Packaging Design

Konzept- und Designentwicklung
Art Direction
Designanalyse
Launch und Relaunch
Facelifting
Line Extensions
Sortendifferenzierung
Sortimentstrukturierung
Designberatung

Philosophie We will love your brand.

Referenzen Alpenhain
Avery Zweckform
Brezelina
Brauhaus Pforzheim
Dallmayr
Farben Gnatz
Freshbury
Houdek
Ingolstadt Village
Labiocare Lippenpflege
LaSelva
Lipomaidsan Hirschberg Cosmetic
Mipa Lacke & Farben
Molkerei Söbbeke
Müller Drogerie
Palmbräu
Pompom
Privatkäserei Bergader
Zott

Awards German Design Award Nominee 2014
red dot design award winner 2012
Corporate Design Preis Nominee 2012
Best of German Unpublished Book Design

Cream, »Eclat de Mode« Paris
Talents, »Tendence Lifestyle« Frankfurt
Deutschlandförderung für Messestand
»Blickfang« Tokyo

Emotionen und Werte zu kennen und dieses Wissen vor dem Hintergrund Ihres Briefings in eine gelungene Gestaltung zu übersetzen verbindet uns mit Ihrer Marke – geliebte Marken zu schaffen ist unser Ziel und unsere Leidenschaft. **We will love your brand**

POM POM

KARTOFFELN MACHEN GLÜCKLICH

markenliaison

LaSelva
AGRICOLTURA BIOLOGICA IN TOSCANA
dal 1980

SÖBBEKE
Pauls Biomolkerei

mërz punkt

Anschrift
mërz punkt | umweltorientierte designagentur
Gubestraße 20 Rgb.
80992 München

Fon (0 89) 81 89 63 90
Mail kontakt@merzpunkt.de
Web www.merzpunkt.de
www.gube20.com

Kontakt Martina Merz

Spektrum
Nichts begeistert uns mehr, als mit unseren Kunden den Charakter von Unternehmen und Marken herauszuarbeiten.
Wir liefern Ideen und Strategien, übersetzen in Bilder, Worte und Taten. Kreative Kommunikation, die bei den Zielgruppen ankommt und zum Erfolg führt.

Die umweltorientierte Design-Agentur für Nachhaltigkeit und den Bio-Markt – seit 1990.

Referenzen
Bergfeld's Biomarkt
Bienenhof Pausch
Bioland e. V.
BODAN
Brauerei Härle
BrotZeit | Bio Backstube & Café
BYODO
ECOPLUS
Ecozept
GEPA – The Fair Trade Company
Grüner Markt
Gustalavie
HIPP
Jonas & Daniel Scholz / die honigwanderer
Kreß | Bio Feinkost Manufaktur
Kornkreis
Landmacher
MAYA KAFFEE seit 1990
Naturland e. V.
Netzwerk Feld. Mensch. Zukunft.
Olimare
Quint Bio-Fleisch
Rebio
SÜDSALZ
Tagwerk Biomarkt Gröbenzell
TerraBio
WerteMarken

BIOVIN
Generation Pinot
Weinhaus & Weingut Landmann
Weingut Brüder Dr. Becker
Weingut Zähringer

Martina Gebhardt Naturkosmetik
TO.mTO Berlin Korsettmanufaktur
KAHLA Porzellan

SPEZIALAGEN
SEIT 1990
für Nachhalti

Bio
Marken
Packaging
Corporate

Wein
Design

PENNONI
LUMACONI
TRAFILATA AL BRONZO

SPÄTBURGUNDER
GUTEDEL
GRAUBURGUNDER
ROSÉ

JONAS & DANIEL
die honigwanderer
TANNE
AKAZIE

Kreß QUITTEN SORBET
Kreß ERDBEER HONIGEIS AUS SCHAFSMILCH
Kreß EIS GENUSS

GEPA
Penne
GEPA
Spaghetti

HiPP
Nachhaltigkeitsbericht 2012
Umwelterklärung Pfaffenhofen 2012
Verantwortung

LANDMACHER
DINKEL KRÄCKER
KAROTTE
Bioland
LANDMACHER
ERDBEER

GEPA
fair+
fair-plus.de
Italienischer Bio Espresso
Italienischer Bio Espresso
Italienischer Bio Espresso

Supperb
Supperb

BioTosca

Bioland
Voller Einsatz für das Beste.
VOLLER EINSATZ FÜR DAS TIERWOHL.
Einfach Bio reicht uns nicht.
Artgerechte Tierhaltung bei
Bioland-Erzeugern.

S
SCHWARZSUD

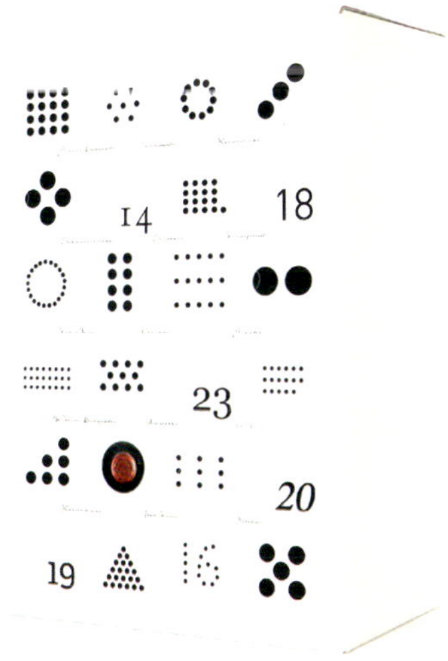
14
18
23
20
19

GEPA
Caramel Salz
GEPA
Zitrone Pfeffer
GEPA
70% Cacao

mitho®

Anschrift	mitho®
	Agentur für Neue Medien & Design
	Weststraße 5a
	38325 Roklum
Fon	(0 53 36) 929 91-10
Fax	(0 53 36) 929 91-11
Mail	info@mitho-media.de
Web	www.mitho-media.de
Kontakt	Michaela Müller
	(Geschäftsleitung Niedersachsen)

Berlin:
Glogauer Straße 5
10999 Berlin

Hamburg:
Werkheim
Planckstraße 13
22765 Hamburg

Spektrum

Klassisch:
Kommunikationsdesign
Corporate Identity
Klassische Werbung

Digital:
E-Commerce
Mobile-Commerce QRnext
Marketplace Solutions (evoStore®, evectio®)
Social Media/Marketing
SEO/SEM

Produktion:
E-Shops (Magento, Shopware)
Screen/Mobile Design
Web-Applikationsentwicklung
Print

Philosophie   form follows function

Referenzen   Branchen:
E-Commerce
Finanzen & Versicherungen
Handel
Immobilien
Kunst & Kultur
Logistik
Papier- & Druckwirtschaft
Medienwirtschaft
Sicherheitswirtschaft
Fashion

Neue Medien
(schnell wirksam)

Texte & Pressearbeit
(gegen Whitespaces)

Design
(visuell anregend)

Ohne Risiken und Nebenwirkungen!

Wirksam gegen Erfolgsverkalkung.

MÜLLER MÖLLER BRUSS

Anschrift MÜLLER MÖLLER BRUSS Werbeagentur GmbH
Köpenicker Straße 48/49
10179 Berlin

Fon (0 30) 27 89 79-0
Fax (0 30) 27 89 79-50
Mail info@mmb-berlin.de
Web www.mmb.berlin

Kontakt Matthias Lippold

Spektrum Wir sind seit 1998 im Geschäft – als Full-Service-Werbeagentur für strategisch fundierte Markenwerbung und die erfolgreiche Kommunikation erklärungsbedürftiger Produkte: von Print bis Online, von Messe bis Mailing, von früh bis spät.

Referenzen 3M
Bundesministerium für Familie, Senioren, Frauen und Jugend
Deutsche Energie-Agentur (dena)
Deutsche Gesellschaft für Kinder- und Jugendmedizin
Deutsche Telekom
GESOBAU
Jugendrotkreuz
media.connect brandenburg
Sächsische Energieagentur – SAENA
The American Dream
T-Systems

MMB MACHT

PRODUKT- UND IMAGE-KOMMUNIKATION
Etwa für die Geschäftskunden der Telekom: im Print, im Web und auf der Messe, mit Text, Illustration und Animation. Oder für die Anwerbung neuer Telekom-Talente: mit intelligent integrierter Arbeitgeber-Imagekommunikation.

CORPORATE DESIGN
Das sieht gut aus: prägnante Erscheinungsbilder in Print- und digitalen Medien, von der Dach- bis zur Sub-Marke. Nicht nur, aber auch für die Deutsche Energie-Agentur, die Sächsische Energieagentur und deren schöne Töchter.

DIREKTMARKETING
Komplette Jahreskampagnen für mehr als 60.000 Bestandskunden der erfolgreichsten Greencard-Agentur der Welt: The American Dream setzt bei Print- und E-Mailings, Landingpages und Give-aways auf MMB. Die Telekom übrigens auch.

SOCIAL-MARKETING
Für die Rettung des Artenreichtums oder gegen das Wegsparen von Kinderstationen: Wir helfen denen, die helfen wollen. Mit Ideen, Medienpartnerschaften und integrierten Maßnahmen bis hin zur Online-Unterschriftensammlung.

STANDORTMARKETING
Moderne Standort-Images inklusive Leitbild-Entwicklung und Corporate Design, zum Beispiel für die Unternehmen und Institutionen am IT- und Medienstandort Babelsberg.

Niehaus Knüwer and friends

Anschrift	Niehaus Knüwer and friends GmbH Jägerhofstraße 21-22 40479 Düsseldorf
Fon	(02 11) 46 90 70
Fax	(02 11) 46 90 790
Mail	office@niehausknuewer.de
Web	www.niehausknuewer.de
Kontakt	Nicola Knüwer
Spektrum	Vom Einzelprojekt über die Entwicklung mehrjähriger 360° Multichannel-Kampagnen bis hin zur Betreuung als Leitagentur.
Philosophie	Ideen für Marken, Märkte und Menschen in einer vernetzten Welt. Niehaus Knüwer and friends sind die Experten für Werbung und Kommunikation. Für jede der kommunikativen Herausforderungen ihrer Kunden entwickelt die Agentur Ideen und Lösungen. Mit Herzblut und Begeisterung ist die Agentur seit über 20 Jahren erfolgreich im Markt. Branchen- und inhaltliche Schwerpunkte liegen in den Bereichen Food/Systemgastronomie, Messe, Real Estate Marketing + PR, Finanzkommunikation/Börsengänge, Corporate Design Entwicklungen und Internet.
Referenzen	Amazon Bauer Media Group Bastian's Bäcker aus Leidenschaft Brenntag BMW Corpus Sireo Projektentwicklung Congress Center Essen Die developer Drupa D.S.D.5 Elior Evonik Hogatec Interpack Kamps Kiepenheuer & Witsch Kö-Bogen Messe Essen Möser Projektmanagement Nordsee Prime Office Secusmart Schubart Goldschmiede VTG Weight Watchers Zumtobel

Ideen für Marken, Märkte und Menschen in einer vernetzten Welt.

Wir freuen uns auf Sie.
Silke Niehaus, Nicola Knüwer and friends
www.niehausknuewer.de

We love Food

BASTIANS
Bäcker aus Leidenschaft

BASTIANS   BH@VG   HK Food   Kamps AG

NORDSEE   Éliance   WeightWatchers

„Für mich zeichnet sich Niehaus Knüwer and friends durch Kreativität, aber auch durch Professionalität und Zuverlässigkeit aus. Die Zusammenarbeit macht Freude und die Ergebnisse überzeugen."

Hiltrud Seggewiß / Vorsitzende der Geschäftsführung NORDSEE GmbH

20 Jahre Messekompetenz

BranchenPARTNER

MESSE ESSEN — Place of Events

HOGATEC

top — Die Trendmesse für Frauen

IDFA

Messe Düsseldorf

drupa

interpack

BEAUTY INTERNATIONAL DÜSSELDORF

SPA BUSINESS ACADEMY

„Zuverlässigkeit in der Projektabwicklung und das Hineindenken in unsere Kundenbedürfnisse sind meines Erachtens die Handlungsmaxime von Niehaus Knüwer and friends. Unsere Zusammenarbeit zeichnet sich durch professionellen und leidenschaftlichen Einsatz aus. Im Sammelbecken einer unendlich scheinenden Agenturlandschaft ist Niehaus Knüwer and friends erfrischend anders."

Andreas John / Abteilungsleiter Werbung, Neue Medien und Protokoll MESSE ESSEN GmbH

Real Estate Marketing + PR

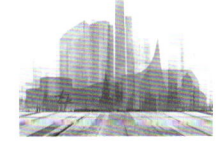

„Im Rahmen der gemeinsamen Projekte hat mich der kreative Beratungsansatz, die im Sinne des Projektes stets zielorientierte Herangehensweise und vor allem die präzise und schnelle Auffassungsgabe, gepaart mit einer perfekten Umsetzung, von Niehaus Knüwer and friends besonders beeindruckt."

Stefan H. Mühling / Geschäftsführer die developer Projektentwicklung GmbH

NUISOL

AGENTUR FÜR DIGITALE AHA-ERLEBNISSE

Anschrift NUISOL · Agentur für digitale Aha-Erlebnisse
Hanauer Landstraße 161-173, Haus C
60314 Frankfurt am Main

Fon (01 51) 15 77 66 99
Fax (018 03) 622 22 91 50 55
Mail ux@nuisol.com
Web www.nuisol.com

Kontakt Christian Kuhn, Birte Weber

Spektrum User Experience Design und Beratung
Digitale Strategien, Integrierte Kampagnen
Social Media-Strategien und -Kampagnen
Websites, Microsites, Mobile Web-Apps
Responsive Webdesign
Apps für iOS, Android, Windows
Online-Geschäftsberichte und -Apps
Mobile- und Tabletoptimierungen
Mobile Advertising, Touch Advertising
Facebook Umsetzung und Betreuung
E-Commerce, Onlineshops B2C/B2B
Onlinemarketing (SEO, SEM)
Workshops und Seminare
Usability/UX Audits, User Testing

Philosophie Es war noch nie so einfach, die Besucher Ihres Onlineangebotes zu enttäuschen. Wir erreichen das Gegenteil mit User Experience Design. Die Post-PC-Ära erfordert ein Umdenken, denn Struktur, Strategie, Design und Funktion von Applikationen und Content müssen in einem sozialen und mobilen Anwendungszenario ganzheitlich aus Sicht Ihrer User betrachtet werden. Nur begeisterte User werden Ihr Angebot ein zweites Mal nutzen und es weiterempfehlen. Unternehmen, Marken und Agenturen gewinnen durch NUISOL neue Orientierung, welche digitale Technologie sich lohnt – und welche vielleicht nicht. Gleichzeitig setzt NUISOL sämtliche Maßnahmen um. So ist NUISOL die Agentur für digitale Aha-Erlebnisse.

Referenzen HSE AG
Fraport AG
Deutsche Zentrale Tourismus e. V.
UNESCO Themenjahr 2014
Zewa Wisch & Weg
KIA Motors Deutschland
STADA Arzneimittel
ERGO Direkt Versicherungen
Helaba Landesbank Hessen-Thüringen
Commerz Real AG
traffiQ, Frankfurter Nahverkehrsgesellschaft
Tupperware Deutschland GmbH
iQMsport, Technische Universität Darmstadt
Heraeus Holding
XING AG
HR Online

Mehr auf www.nuisol.com/de/referenzen

Awards Nominiert zum Mobile Ambassador 2012

FOTO CREDIT: WWW.FARIDEH.DE

USER EXPERIENCE AUF DEN PUNKT GEBRACHT.

nulleins™

Anschrift	nulleins™
	Brunnenstraße 192
	10119 Berlin
Fon	(0 30) 29 36 46 40
Fax	(0 30) 29 36 46 44
Mail	info@nulleins.de
Web	www.nulleins.de
Kontakt	Claus Drueppel
	(Geschäftsführer)

Spektrum
Brand Evaluation
Brand Strategy
Brand Communication
Brand Management
Brand Creation
- Corporate Design
- Editorial Design
- Digital / Web / Mobile / Interactive
- Retail / Exhibition Design

Philosophie Man muss sich verändern um der Gleiche zu bleiben.

Referenzen
ALLIANZ Beratungs&Vertriebs-AG
ASICS Deutschland GmbH
Bayer AG
Berlinwasser Holding AG
Berliner Festspiele
Bundesliga / DFL Deutsche Fußball Liga
Bundesverband der Deutschen Volksbanken und Raiffeisenbanken e. V.
Charité - Universitätsmedizin Berlin
Deutsche Telekom AG
DZ PRIVATBANK AG
easyCredit / TeamBank AG
GRAFT Gesellschaft von Architekten
Lemke Berlin
lindenpartners
MLP AG
R+V Allgemeine Versicherung AG
Tempodrom Berlin
TÜV Rheinland AG
Volkswagen Coaching GmbH
Versorgungswerk der Rechtsanwälte in Berlin

We think design - radically evolutionary.

nulleins™

Ogilvy & Mather

Anschrift	Ogilvy & Mather Germany Darmstädter Landstraße 112 60598 Frankfurt am Main
Standorte	Frankfurt, Düsseldorf, Berlin
Fon	(0 69) 962 25-0
Mail	info@ogilvy.de
Web	www.ogilvy.de
Kontakt	Thomas Strerath (CEO)
Philosophie	„We sell – or else." (David Ogilvy)
Awards	Ogilvy & Mather Worldwide wurde 2014 bereits zum dritten Mal in Folge als „Network of the Year" beim Cannes Lions International Advertising Festival ausgezeichnet. Im aktuellen GWA Effektivitäts-Ranking belegt Ogilvy & Mather Germany derzeit Platz 1.

"No manufacturer ever got rich
by underpaying his agency.
Pay peanuts and you get monkeys."

David Ogilvy

OLIVER VOSS

Anschrift OLIVER VOSS
Werbeagentur GmbH
Finkenau 35e
22081 Hamburg

Fon (0 40) 226 60 66 30
Fax (0 40) 226 60 66 40
Mail kontakt@olivervoss.com
Web www.olivervoss.com

Kontakt Christina Haas

Spektrum 2010 wurde die „Oliver Voss Werbeagentur GmbH" gegründet. 2012 wird sie „Newcomeragentur des Jahres", 2013 landet sie beim ADC auf Platz 6 und gehört zu den Top Ten der kreativsten Agenturen Deutschlands (Quelle: Manager Magazin).

Oliver Voss arbeitet für große Marken wie Sixt, Jägermeister, Axel Springer, Schüco, das Hamburger Abendblatt und Nike. Die Arbeiten der Agentur reichen von aufmerksamkeitsstarken Print-, TV- und Online-Kampagnen bis hin zu spektakulären Kunstprojekten und TV-Shows.

Die Agentur beschäftigt 18 Mitarbeiter.

Weitere Arbeiten der Agentur auf www.olivervoss.com

OliverVoss

JÄGERMEISTER
SPICE
THE REMIX
OF A CLASSIC.
CINNAMON AND
VANILLA BLEND.
Jägermeister
SPICE

GEPRELLTE RIPPEN,
BLAUE FLECKEN,
2-3 LOCKERE ZÄHNE.
DAS VERSTEHEN
WIR UNTER
STANDARDTANZ.
POGOAID
ZEIT FÜR
MEHR
ROCK'N'ROLL!
RollingStone
NO
PAIN
NO
GAIN
HA
HA

NEUE impulse FÜR
ALLE manager ZUM
THEMA Wirtschaft
UND Capital
BILANZ, das neue deutsche Wirtschaftsmagazin.
Finden Sie Ihre Zielgruppe im besten Umfeld für Wirtschaft, Luxus und Finanzen.
Jetzt informieren unter mediapilot.de/bilanz
LESEN MIT GEWINN.
AM 2. MAI
IN DER WELT
BILANZ
06.2014

OPEN STUDIO

Anschrift	OPEN STUDIO
	Hoffmann & Furtmann GbR
	Hoffeldstraße 46
	40235 Düsseldorf
Fon	(02 11) 17 17 05 65
Fax	(02 11) 17 17 05 66
Mail	info@weareopenstudio.de
Web	www.weareopenstudio.de
Kontakt	Julia Furtmann
	Kai Hoffmann
Spektrum	(Visuelle) Kommunikation

›O‹ is for original perspectives.

›P‹ is for powerful imagery.

›E‹ is for effective communication.

›N‹ is for nice details.

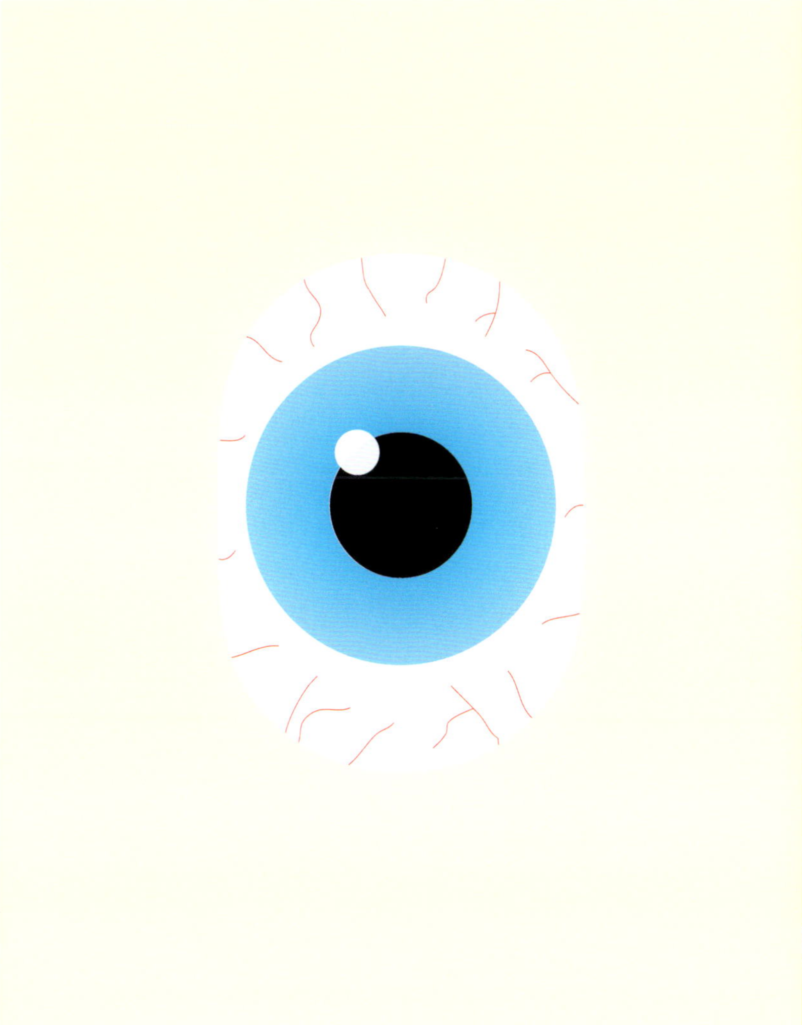

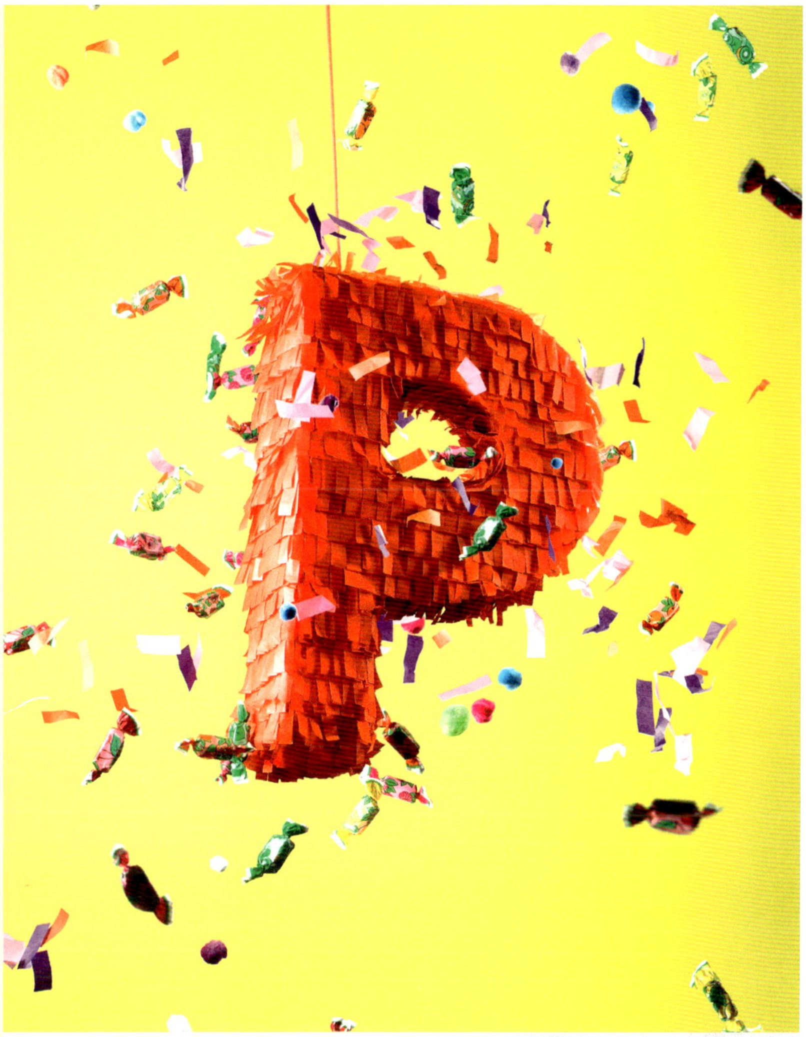
P

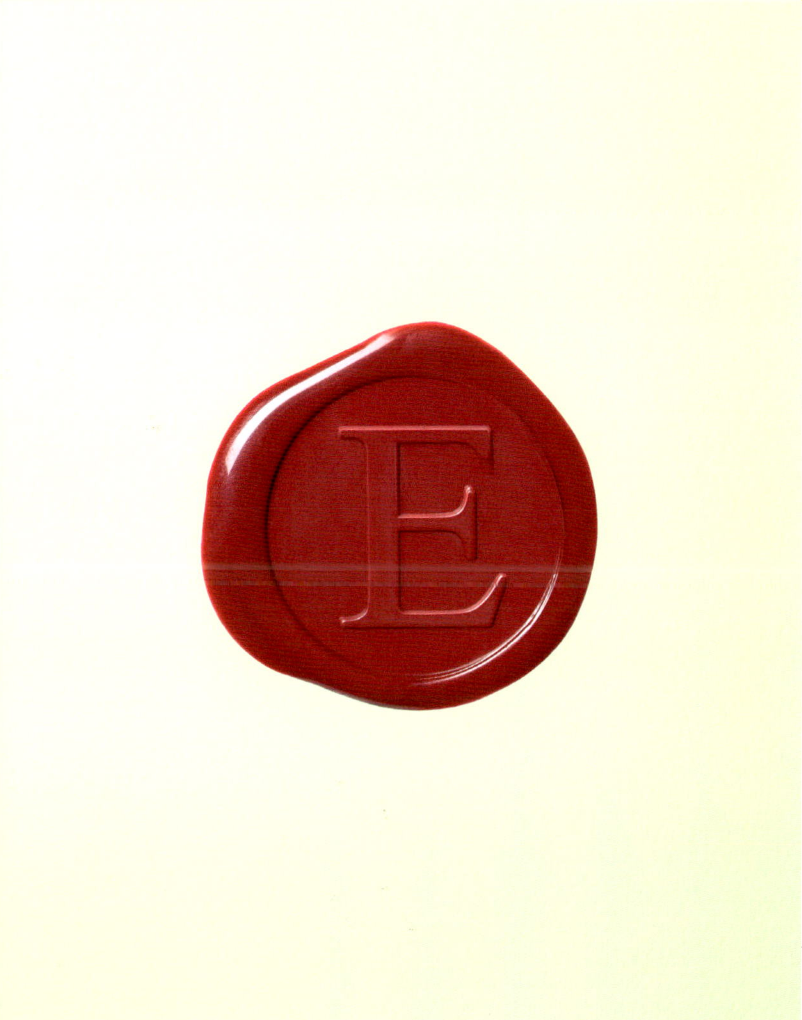
E

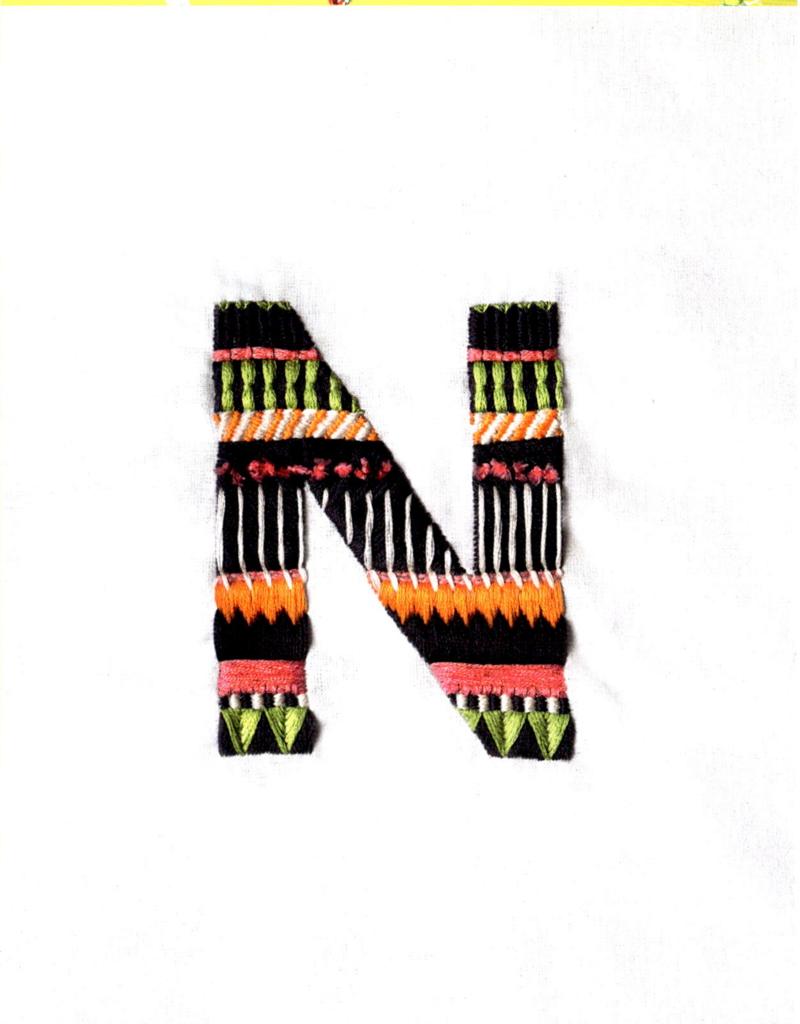
N

Pahnke Markenmacherei

Anschrift Pahnke Markenmacherei GmbH & Co. KG
Ludwigstraße 14
20357 Hamburg

Fon (0 40) 24 82 12-0
Fax (0 40) 24 82 12-118
Mail markenmacherei@pahnke.de
Web www.pahnke.de

Kontakt Dr. Lars Lammers

Spektrum Bei uns arbeiten 140 Menschen, die jeden Aspekt des Markenmachens beherrschen:

Innovation
Wir helfen, neue Marktchancen zu entdecken und erfolgreich zu nutzen: Wir analysieren Marktentwicklungen und Konsumentenverhalten. Wir entwerfen Ideen für neue Marken oder Erweiterungen und setzen sie in realistische, klar positionierte Markenkonzepte um.

Strategie
Wir beraten in allen Belangen strategischer Markenführung: Wir entwickeln tragfähige Markenstrategien, die Wachstum und Rentabilität von Marken sichern.

Kreation
Wir kreieren und realisieren integrierte Kampagnen von TV über Print und Radio bis in die digitalen Medien und an den POS und gestalten alle Marken-Oberflächen, vom Corporate Design über das Packaging bis zur POS-Inszenierung.

Digital
Wir entwickeln und gestalten gemeinsam mit unserer Schwesteragentur „PUSHH – Pahnke und Schwieger" Markenführung, Marketing und Kommunikation in allen digitalen Kanälen.

Vermarktung
Wir erarbeiten ganzheitlich integrierte Vermarktungs-Strategien: Hierzu gehören Promotion-Konzepte, Displaydesign, Packaging, Gestaltung von VKF-Unterlagen und Vertriebsaktivierung.

Referenzen Storck
Meica
Lorenz Snack-World
Zott
Hengstenberg
Bonduelle
GEWOBA
u. a.

WIR MACHEN DIE MARKEN, DIE IHR LEBEN BEGLEITEN.

PAHNKE MARKENMACHEREI

merci, dass es Dich gibt
anton
Quellbrunn
STORCK
merci
Toffifee
Deutschländer
Verpoorten
Toffifee
Knoppers
SCHWARTAU
jogobella
Crunchips
Hengstenberg
McAirlaid's
KOHL KÖNIG
RIESEN
nimm2
Meica
Monte
Super Dickmann's
Werther's Original
Magu
Bonduelle
Mamba
GEWOBA
zott
Lorenz
merci

peter schmidt, belliero & zandée

Anschrift peter schmidt, belliero & zandée
Mittelweg 159
20148 Hamburg

Fon (0 40) 41 42 99-81
Fax (0 40) 41 42 99-84
Mail contact@pschmidt.net
Web www.pschmidt.net

Kontakt Daniel Belliero und Marcel Zandée

Spektrum Die Agentur peter schmidt, belliero & zandée ist eine interdisziplinäre Design und Brand Agentur mit den Schwerpunkten Corporate Identity und Packaging Design, sowie Product Design und User Interface, Web, Brand Spaces, POS, Brand Strategy und Consulting.

Referenzen Acqua Colonia, Baldessarini, Bamberger Symphoniker, Block Gruppe, Cornelia Poletto, Cordes & Graefe, Darboven, Deutscher Evangelischer Kirchentag, Ernst Deutsch Theater, Freiberger Holding, Internationales Musikfest Hamburg, Mistral Grand Selection, Mäurer & Wirtz, Münchner Philharmoniker, Lapp & Fao, Ricola, s.Oliver, Strellson, Tabac Original, Universität Hamburg, Vapiano, Vivace Caviar, Windsor, 4711

Awards Red Dot Design Award
iF Design Award
Designpreis der Bundesrepublik Deutschland
German Design Award Nominee
Design Plus Award
Good Design Award
A' Design Award
International Design Award

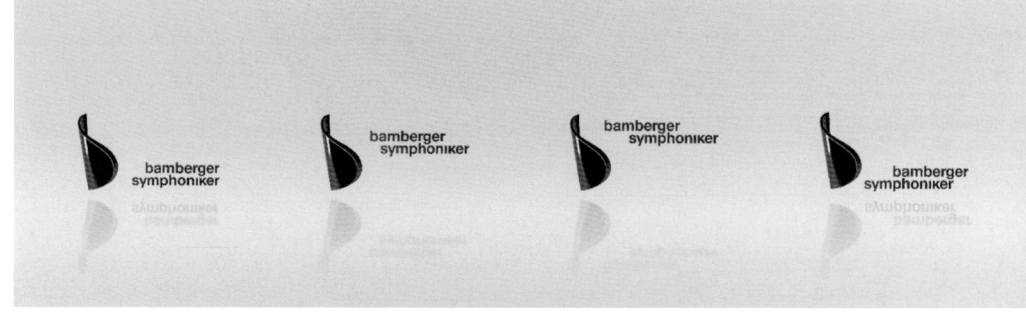

extraordinary city.
extraordinary orchestra.
bamberger
symphoniker

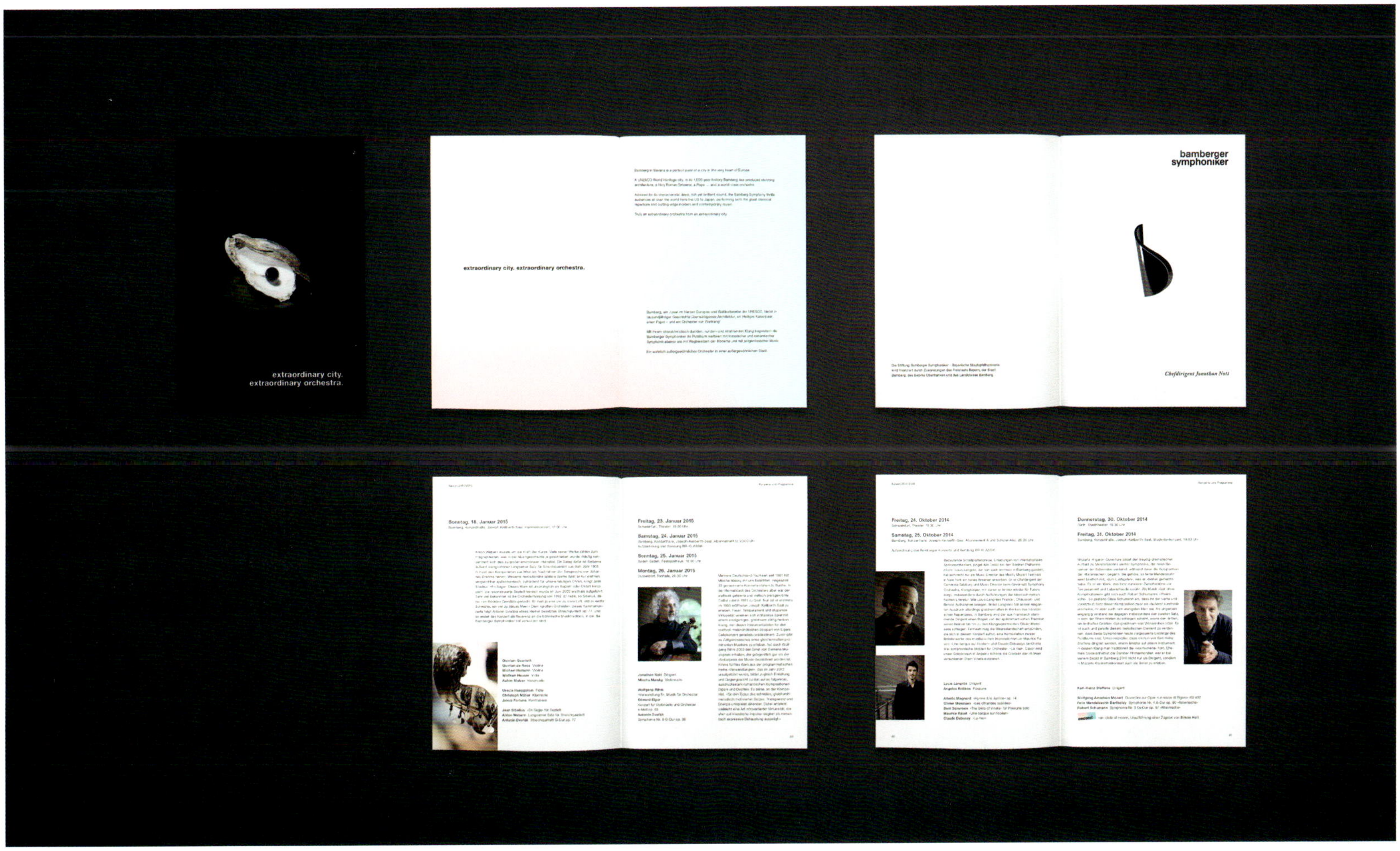
extraordinary city.
extraordinary orchestra.
extraordinary city. extraordinary orchestra.
bamberger
symphoniker

Peter Schmidt Group

Anschrift	Peter Schmidt Group ABC-Straße 47 20354 Hamburg
Fon	(0 40) 44 18 01 0
Fax	(0 40) 44 18 04-70
Mail	info@peter-schmidt-group.de
Web	www.peter-schmidt-group.de

weitere Standorte:
Frankfurt am Main, Düsseldorf, München, Tokio

Kontakt Armin Angerer, Managing Partner
Gregor Ade, Managing Partner
Günter Misof, Managing Director

Spektrum Die Peter Schmidt Group gehört zu den Top 3 Marken- und Designagenturen in Deutschland und führt seit über 40 Jahren Marken zum Erfolg.

Wir verbinden Brand Development und Brand Experience mit effizientem Brand Management und ermöglichen so einen ebenso hochwertigen wie weltweit konsistenten Markenauftritt. Unser Leistungsportfolio reicht vom Corporate Design über Corporate Naming & Wording, Digital Branding und Motion Design bis hin zu Brand Spaces und Packaging Design.

Referenzen
Continental
DZ Bank
Henkel
HUGO BOSS
The Linde Group
Postbank
REWE Group
Schüco
Weleda
ZDF
u. a.

Awards Der hohe Anspruch, den wir an unsere Leistungen stellen, wird durch rund hundertfünfzig nationale und internationale Awards und Auszeichnungen in den letzten Jahren belegt, so zum Beispiel beim Red Dot, iF, BCP, CDP und ADC.

Die starke Idee. Und die Kraft, sie auf die Straße zu bringen.

Wir entwickeln starke Marken – und befähigen Kunden, mit diesen effektiv und nachhaltig zu arbeiten: indem wir Brand Development, Brand Experience und Brand Management zu einem ganzheitlichen Prinzip verbinden. Das klingt simpel, ist aber ziemlich einzigartig. Unser Name dafür: **Empower.**

www.peter-schmidt-group.de

EMPOWER.

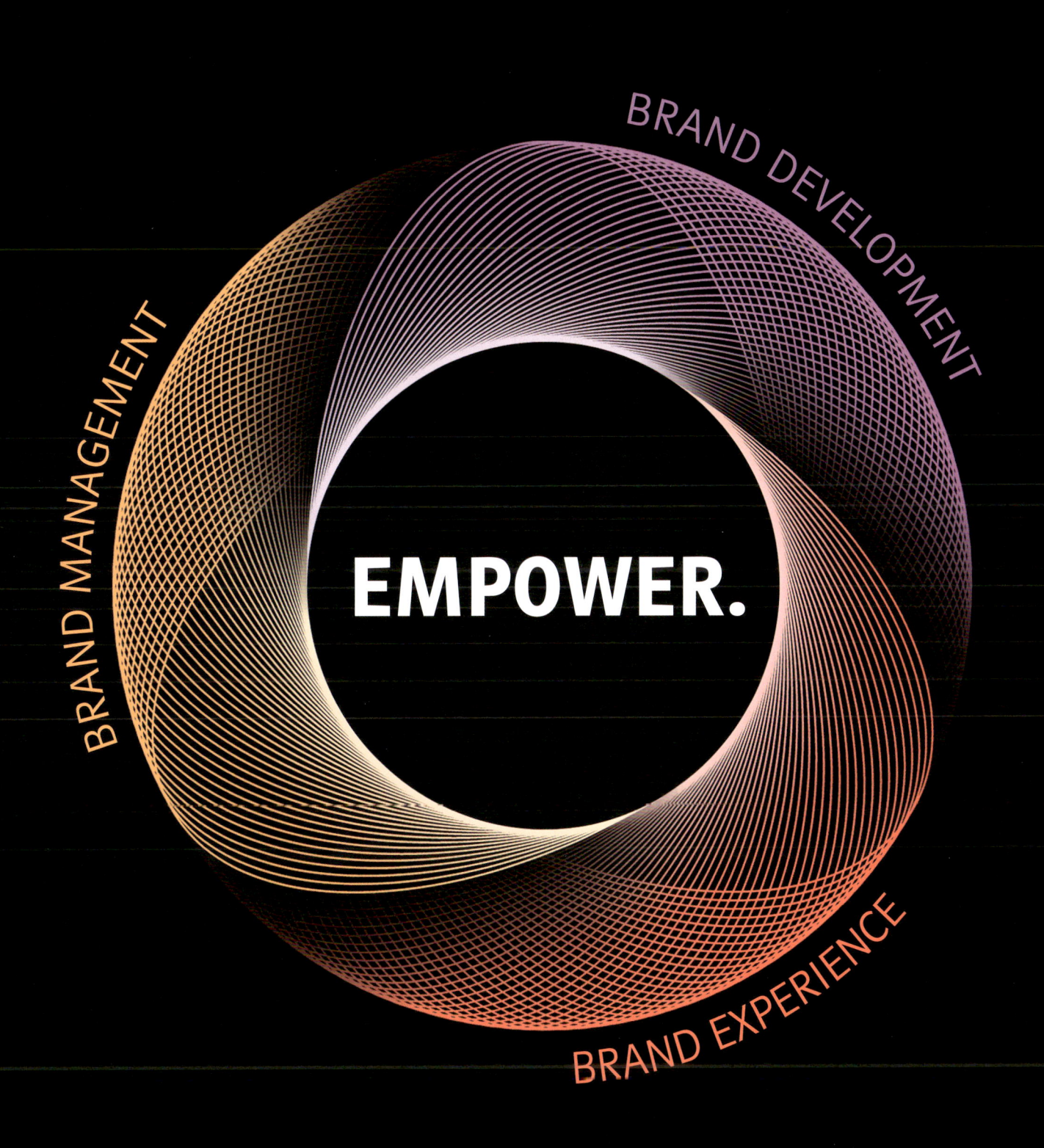

BRAND DEVELOPMENT

BRAND MANAGEMENT

BRAND EXPERIENCE

PETER SCHMIDT GROUP

POINT

Anschrift	POINT MINDEN
	Wittelsbacherallee 59
	32427 Minden
Fon	(05 71) 837 59-0
Mail	direktkontakt@pointminden.de
Web	www.pointminden.de
Anschrift	POINT HAMBURG
	Gustav-Mahler-Platz 1
	20354 Hamburg
Fon	(0 40) 73 08 85 61-0
Mail	direktkontakt@pointhamburg.de
Web	www.pointhamburg.de
Anschrift	POINT MÜNCHEN
	Konrad-Zuse-Platz 8
	81829 München
Fon	(0 89) 20 70 42-575
Mail	direktkontakt@pointmuenchen.de
Web	www.pointmuenchen.de
Anschrift	POINT WIEN
	Heiligenstädterstraße 31/2/402
	A-1190 Wien
Fon	+43 (0) 1 890 99 42
Mail	direktkontakt@pointwien.at
Web	www.pointwien.at
Kontakt	POINT MINDEN
	Rainer Zipp
	Manfred Siek
	POINT HAMBURG
	Frank Jansen
	POINT MÜNCHEN
	Sascha Jungbluth
	POINT WIEN
	Rainer Zipp
Spektrum	Klassische Werbung
	Business Communication
	Corporate Publishing
	Direkt-Marketing
	Internet
	Messen/Events
	Promotions
	Verkaufsförderung

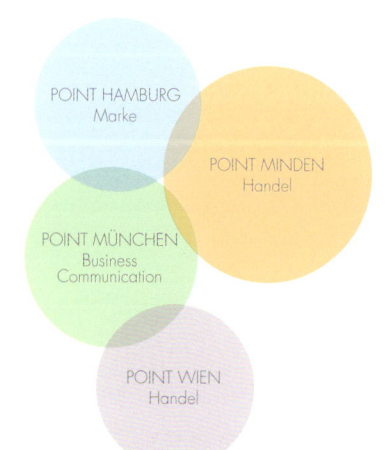

FÜR MEHR DURCHBLICK UND WAUEFFEKTE

POINT HAMBURG
Marke

POINT MINDEN
Handel

POINT MÜNCHEN
Business Communication

POINT WIEN
Handel

Ganze Rudel hungriger und erfahrener Mitarbeiter warten in unseren vier Agenturen darauf, Ihre Fragen zu beantworten und mit dem nötigen Durchblick die passenden Lösunger

…u erarbeiten. Dabei besitzt jeder Agenturstandort seine eigene Kernkompetenz. Und je nachdem wie Ihre Anforderungen genau aussehen, stellen ir das passende Team zusammen. So bekommen Sie genau die Leistungen, die Sie benötigen. Kreativ, effizient und gerne auch mit Wow-Effekt. OINT – wir geben Antworten.

POINT ● HAMBURG   POINT ● MINDEN   POINT ● MÜNCHEN   POINT ● WIEN

PUR[E]ART

Anschrift	PUR[E]ART GmbH Am Joseph 9 61273 Wehrheim
Fon	(0 60 81) 446 58 68
Fon	(0 60 81) 446 58 83
Fax	(0 60 81) 446 58 79
Mail	ralf.winter@pur-e-art.de
Mail	julia.wunderlich@pur-e-art.de
Web	www.pur-e-art.de
Kontakt	Ralf Winter (Geschäftsleitung) Julia Wunderlich (Creative Direction)
Spektrum	Strategy Brand & Packaging Design Form Design POS Marketing Sales Promotion Photography Naming Marketing Research Production
Philosophie	Eine Verpackung, die verführt. Ein Auftritt, der Vertrauen schafft. Eine Identität, die mit allen Sinnen erlebbar ist. PUR[E]ART arbeitet für diesen Erfolg – mit viel Esprit und kreativer Energie. Wir sind Packaging Design Experten für schnelldrehende Konsumgüter und begeistern unsere Kunden seit mehr als zehn Jahren mit innovativen Designlösungen. Was uns dabei auszeichnet: Wir verstehen genau, was den Verbraucher bewegt und wie man ihn begeistert. Am POS und darüber hinaus.
Referenzen	Aldi Nord Aldi Süd Bisquiva Doc Morris Drogerie Müller Ferrero Fressnapf Hofer Krone Feinkost Norma Procter & Gamble REWE Group Rossmann Sara Lee Windstar Medical AG

omniVIT

Sun Snacks

Sensomed

PUR[E]ART
COMMUNICATION AND DESIGN

Wir entwickeln strategische wie kreative Designlösungen und machen Ihre Identität erlebbar.

Osterzauber

Choco Bistro

Red Monkeys

Anschrift	Red Monkeys GmbH Rosgartenstraße 32 78462 Konstanz
Fon	(0 75 31) 691 36 10
Fax	(0 75 31) 691 36 29
Mail	willkommen@red-monkeys.de
Web	www.red-monkeys.de
Kontakt	Moritz Schuchardt
Spektrum	Online. Offline. All line.
Philosophie	Red Monkeys ist eine kleine, feine, vollintegrierte Full-Service-Markenagentur.

Wir sind darauf spezialisiert, Marken bedeutender und unsere Auftraggeber erfolgreicher zu machen.

Wir lösen Identitäts- und Positionierungsfragen. Wir entwickeln wirksame Strategien für Branding und Marketing. Wir generieren fesselnde Inhalte und spitze Botschaften. Und wir geben allem eine starke, unverwechselbare Gestalt.

Vollintegrierte, vernetzte Werbekampagnen, effiziente Vertriebs-Tools, Mitarbeitermotivationen, Impulse für die Unternehmens-Kultur und -Kommunikation, Ideen für die Produktentwicklung. B2C wie B2B.

So unterschiedlich und einzigartig unsere Kunden auch sind, eines haben sie alle gemeinsam. Sie teilen unsere wichtigste Überzeugung: Herzen & Fans gewinnt man nur mit einem attraktiven Auftritt und außergewöhnlichen Ideen.

Red Monkeys.

Noch Fragen?
Red Monkeys.

**WIR MACHEN KEINE WERBUNG.
WIR SCHAFFEN RELEVANZ.**

RED MONKEYS

GEKA BEAUTY - RADIANT ORCHID

GEKA UPDATE
1
Product News
BOURJOIS, DIOR, AVON,
ORIFLAME, AAVEN,
PROCTER & GAMBLE
JUNE
2012
More information geka-world.com

MAYBELLINE
THE ROCKET
VOLUM'
EXPRESS
Ultra-voluminous and still nearly weightless? With this unique innovation, women can truly reach for the stars. How does it work? It's all in the technology – our one-of-a-kind, completely new Sandwich technology. This pioneering production process using two plastics of varying flexibility clearly makes all the difference.
There's no such thing as impossible – and Maybelline's The Rocket Volum' Express proves it. Whether it's waterproof or non-waterproof, this mascara is ready to break all records, and makes explosively full volume an easy "Mission Possible".
The Rocket gets ready for take-off with a supple, buildable volume formulation and the unique Supersonic brush made using the GEKA patented Sandwich technology. This ground-breaking innovation gives the applicator the ultimate extra boost with two different plastics: With its harder pink or blue brush core, The Rocket lifts lashes precisely and, thanks to the transparent, super-fine micro-bristles, slides gently and smoothly right down to the seemingly unreachable tips.
But it's not just the extraordinary Sandwich brush that's a real highlight – the packaging is also an outstanding achievement. The bottle in a rich blue is decorated with a unique, high-end foil. Thus, the packaging glows in bright pink or light blue, and stands out with an enticingly seductive look – in both the production process and at the POS. Are you looking for something that defies gravity? Read more about our Sandwich technology on page 12.
"OH, MY. GOSH. I LOVE IT!! I have been waiting for a mascara like this."
8
GEKAUPDATE
MARCH 2013

AVON
SUPER DRAMA
MASCARA
It's time to stop holding back – now is the moment for drama. For the look with the „wow" effect, this mascara is the top choice.
Make way for a real diva. Avon's Super Drama Mascara shows lashes off to perfection. At first glance, the Lady in Violet appears restrained, almost shy. Her feminine look is characterized by the stylish understatement of the classic Avon packaging. But then she shows what she can really do. After all, anyone who can create flawless, full volume and maximum length without clumping earns applause from the ladies.
The secret of her success is the hypoallergenic dramatic formula combined with a glamorous, unique moulded brush, made using the patented Moltrusion® process. The unique brush can be guided easily and securely. Its flexible discs wings, which build up the application, are fixed firmly and securely on a sturdy core – so even less experienced users can achieve the ultimate drama without tears. Clap your hands for this fantastic performance!
GEKAUPDATE
MARCH 2013

dm
alverde
NATURKOSMETIK
UNIVERSE
BEAUTY
Ohne rein synthetische Duft-, Farb- und Konservierungsstoffe

SEITDEM WIR DAS DEO ERFUNDEN HABEN, VOR ÜBER 125 JAHREN, VERSPRECHEN WIR NUR, WAS WIR HALTEN.
MUM
DRY EFFECT
MUM
MEN
COOL
MUM
UNPERFUMED
MUM WIRKT.
MUM hält, was es verspricht. Seit 1888.
www.mum-deo.com

JAHRHUNDER
WINTERCHEN
SPÜRBAR
GÜNSTIG
TARIFE
Nehmen Sie Ihrer Gasrechnung den Schrecken.
Wechseln Sie jetzt zu citigas12, dem spürbar günstigen Gastarif.
Jetzt wechseln auf www.citiwerke.de
citiga
Eine Marke der Thüga E

Wiesnkönig

HERRSCHAFTSZEITEN

NUR FLIEGEN IST FAST SO SCHÖN.

00 PS (441 KW), 550 NM, 322 KM/H, KEINE WORTE. DER R8 SPYDER VON ABT.
BT ist der weltweit größte Veredler von Audi- und VW Fahrzeugen.
www.abt-sportsline.de

ABT

Wirtschaftsstandort Bodensee-Oberschwaben

Unsere Industrie: ImPuls der Region.

Natürlich wäre es eine Innovation, auf Industrie zu verzichten. Aber vermutlich auch die Letzte.

www.erfolgsstandort.de

IHK Industrie- und Handelskammer Bodensee - Oberschwaben

Hier können Sie was unternehmen

TÄGLICH FRISCHE TASCHEN.

ALEXANDER HEITZ
KOFFER UND TASCHEN

sabinefunkdesign

Anschrift	sabinefunkdesign GmbH
	Esplanade 41
	20354 Hamburg
Fon	(0 40) 87 88 68 20
Fax	(0 40) 87 88 68 29
Mail	connect@sabinefunkdesign.com
Web	www.sabinefunkdesign.com
Kontakt	Sabine Funk
Spektrum	Brand Design
	Corporate Design
	Packaging Design
	Namensentwicklung
	Strategie
	Guidelines
	Realisation
Philosophie	Unser Anspruch ist es Marken zu entwickeln, die verbinden und berühren.
Referenzen	Beiersdorf
	Chocolat Frey
	dm drogeriemarkt
	Homann Feinkost
	Juvena of Switzerland
	Wrigley
	Hero Group

SABINE FUNK **DESIGN**

HAMBURG

SchleeGleixner

Anschrift	SchleeGleixner GmbH
	Friedrichstraße 19
	63739 Aschaffenburg
Fon	(0 60 21) 77 11-653
Fax	(0 60 21) 77 11-869
Mail	kontakt@schleegleixner.de
Web	www.schleegleixner.de
Kontakt	Siggi Schlee
	Geschäftsführer Beratung
Spektrum	Markenstrategie
	Corporate Design
	Editorial Design
	Kampagne
	Interactive Design
	Marke im Raum
Referenzen	akustik plus
	ASICS
	Alpina
	Deutsche Bahn
	Energieagentur Bayerischer Untermain
	Gumpert Sportwagenmanufaktur
	Krautol
	Paulaner Bräuhaus Consult
	redcoon
	Sparkasse
	Stylefile Mailorder
	Walter Fries Firmengruppe

SCHLEEGLEIXNER

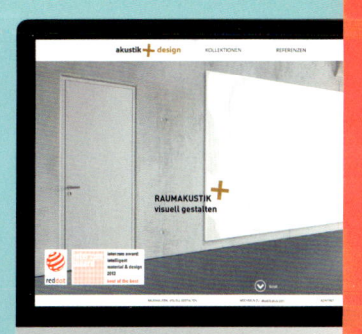

IDEENTITÄTEN

Marken leben von ihrer Identität. Marken leben durch Ideen. Marken leben mit Kommunikation. Unser Ziel ist es, dieses Spannungsfeld prägnant aufzuladen. Dazu entwickeln wir nachhaltige Strategien und setzen diese in kreative Design- und Kommunikationskonzepte um. SchleeGleixner. **Strategie. Gestaltung. Identität.**

Schmid/Widmaier

Anschrift	Schmid/Widmaier GbR
	Corneliusstraße 27
	80469 München
Fon	(0 89) 74 65 39 41
Fax	(0 89) 74 65 39 42
Mail	mail@schmidwidmaier.de
Web	www.schmidwidmaier.de
Kontakt	Lutz Widmaier
Spektrum	Corporate Design
	Webkonzeption und -design
	Editorial Design
	Corporate Publishing
	Buchgestaltung
	Kommunikation im Raum
Referenzen	Akademie der Künste Berlin
	Burda Creative Group
	Bayerische Staatsgemäldesammlungen
	Callwey Verlag
	Condé Nast Verlag
	DPE Deutsche Private Equity
	Franz Marc Museum
	Hamburger Kunsthalle
	Hatje Cantz Verlag
	Hubert Burda Media
	Hubertus Alpin Lodge & Spa
	Kunsthalle München
	Sammlung Goetz
	Spielbanken Bayern
	Verlag Süddeutsche Zeitung
Awards	Society of Publishing Designers 2000
	ADC 2000
	Die 100 Besten Plakate 2005
	Red Dot 2006
	Type Directors Club 2007
	Type Directors Club 2008
	BCP Best of Corporate Publishing Award 2006
	Red Dot 2008
	Die schönsten Bücher 2008
	Die 100 Besten Plakate 2008
	Type Directors Club 2009
	Die schönsten Bücher 2009
	Nominiert für den Designpreis der
	Bundesrepublik Deutschland 2009
	Nominiert für die Berliner Type 2012
	Nominiert für den German Design Award 2013
	Astrid Award in Bronze 2013
	Nominiert für den German Design Award 2015

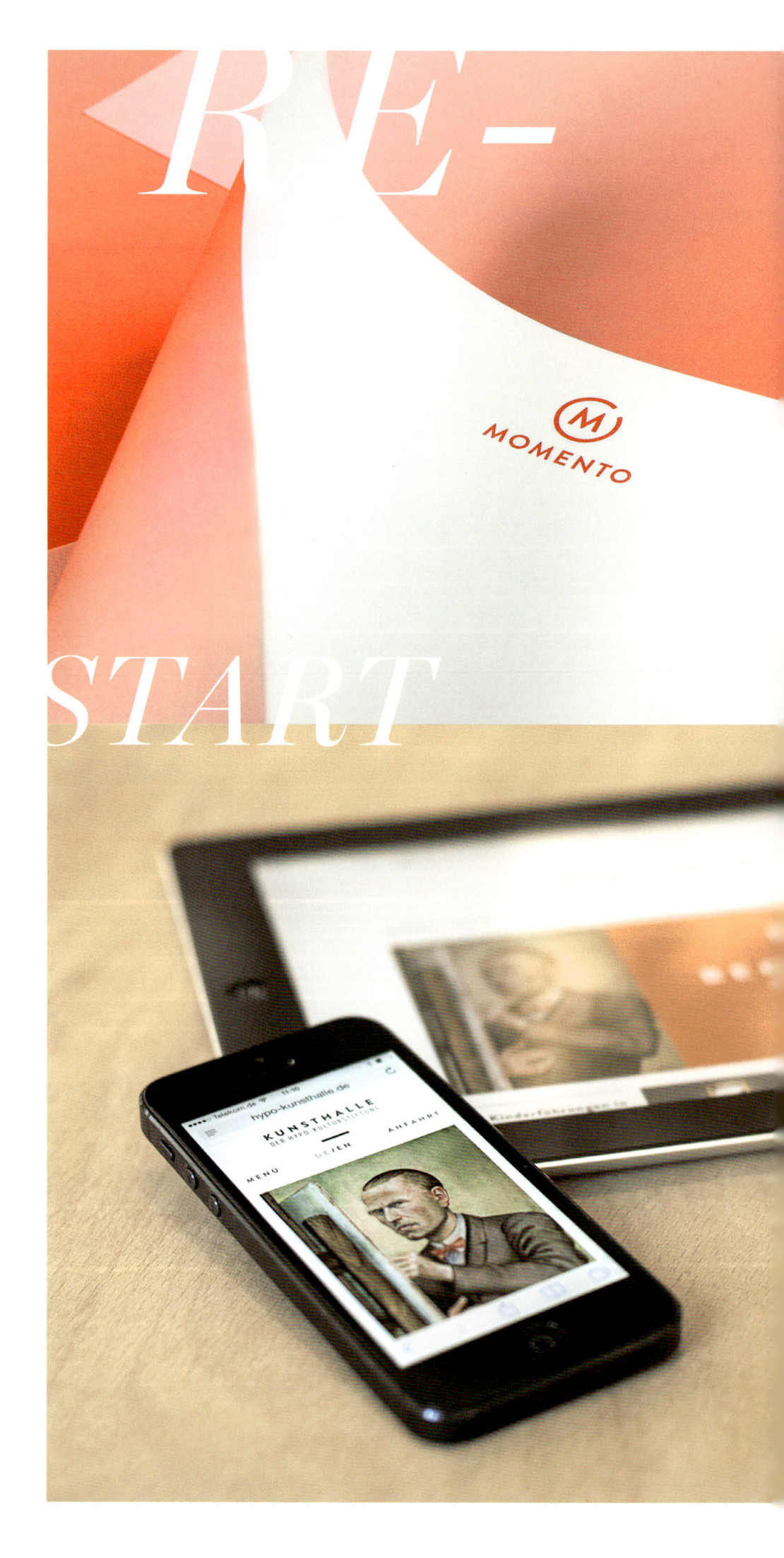

THINK

DO

POKER-TURNIER
Spannung und Stil
bei der SBPM

Edle Tropfen
Weine aus Würzburg
in den Spielbanken

Casino

DAS MAGAZIN DER
SPIELBANKEN BAYERN
Veranstaltungen und Events
September 2013 bis März 2014

**Herbstglanz &
Winterzauber**
Schöne
Aussichten am
Tegernsee

Spielbanken Bayern

stoffers/steinicke

Anschrift	stoffers/steinicke
	Designagentur
	Goethestraße 2-3
	10623 Berlin
Fon	(0 30) 31 01 94 85
Mail	mail@stoffers-steinicke.de
Web	www.stoffers-steinicke.de
Kontakt	Anna Stoffers
	Toni Steinicke

Spektrum stoffers/steinicke schafft visuelle Identitäten für Unternehmen, Institutionen und Produkte. Unser Fokus: Corporate-, Digital- Packaging- und Grafik-Design.

Philosophie Design ist Konzentration auf klare Botschaften und einzigartige Umsetzung.

Referenzen
adelphi
apparent media
Auftragsrad
Ball Packaging Europe
BMUB
Bund Getränkeverpackung der Zukunft
ESMT
Film-und Medienstiftung NRW
Gerlach Werke
Grundgrün
Juvato
LOOM Berlin
SFC Energy
Signavio
Umweltbundesamt
VetFinder
VSA Fashion
WAF Architekten
Water Rebels

stoffers/steinicke

Strategen Gestalter

Anschrift	Strategen Gestalter
	Kommunikationsdesign
	Erwitter Straße 105
	59557 Lippstadt
Fon	(0 29 41) 27 04 20
Mail	info@strategengestalter.de
Web	www.strategengestalter.de
Kontakt	Florian Kleinehollenhorst
Spektrum	Analyse
	Strategie & Konzeption
	Art Direction
	Corporate Identity
	Corporate Design
	Corporate Communications
	Motion- & Webdesign
	Klassische Werbung
Philosophie	Design als Mehrwert. Zwischen Strategie, Konzeption und Gestaltung arbeiten wir disziplinenübergreifend. Design, als unsere Kernkompetenz, definieren wir weit über die reine kreative Gestaltung hinaus. Gutes Design beginnt für uns bei der inhaltlichen Formgebung, aus dieser sich die äußere, die visuelle Form ergibt.

design mit herz* und verstand**

GESTALTER

* immer
** meistens

Studio Elfenbein

Anschrift Studio Elfenbein GmbH & Co. KG
Spadenteich 4-5
20099 Hamburg

Fon (0 40) 23 95 32-0
Fax (0 40) 23 95 32-22
Mail info@studio-elfenbein.de
Web www.studio-elfenbein.de

Kontakt Colette Baeker, Anthony Slotta

Spektrum Neben Markenberatung, Packaging- und Brand-Design, Formentwicklung und 3D-Design entwickeln wir merkfähige Corporate Designs – vom Logo über die Geschäftsausstattung bis hin zu POS- und Messeauftritten.

Philosophie Gestaltung muss vor allem eines leisten: den Charakter einer Marke zum Ausdruck bringen. Gutes Design überrascht daher nicht immer nur durch Innovation, sondern auch durch Beständigkeit. Es soll die Persönlichkeit der Marke widerspiegeln, statt sie neu zu erfinden. Denn Marken sind wie Menschen: Ihr Charakter ist ein komplexes Gebilde aus einer langen persönlichen Geschichte, Werten und Emotionen. All das in einem Design festzuhalten ist unser Ziel.

Referenzen Aiya
Bergader
Brüggen
Fette Pharma
Frosta
Griesson de Beukelaer
Henkel
Kerrygold
Lornamed
Maria Galland
Mont Blanc
Mondelez
Murnauer
Niederegger
Ravensburger
Rewe
Rossmann
Schwartau
Schwarzkopf
u. a.

KAKAO KONTOR HAMBURG

HAMBURG SCHOKT

Hamburg schokt
33% Stolpert übern spitzen Stein
Hoch|spra|che aus Ham|burg

HAMBURG SCHOKT

Hamburg schokt
48% Fischmarkt, 5:36 Uhr
Treffen sich Hein und Fiete
bei Aale-Dieter, fragt Hein:

HAMBURG SCHOKT

Hamburg schokt
44% Altes Land
Denn mit Nordlichtern
ist gut Kirschen essen

Super an der Spree

Anschrift	Super an der Spree GmbH
	Reichenberger Straße 125
	10999 Berlin
Fon	(0 30) 690 04 08-0
Fax	(0 30) 690 04 08-13
Mail	info@s-u-p-e-r.de
Web	www.s-u-p-e-r.de
Kontakt	Karsten Göbel
Spektrum	Kreativ-, Digital- und Campaigningagentur
Philosophie	„You have to be different, great or first!"
Referenzen	Bundesdruckerei
	Deutsches Rotes Kreuz
	DGB – Deutscher Gewerkschaftsbund
	EMI Music
	E-Plus
	Friends of the Earth Europe
	Metro
	Philips Deutschland
	Polar-Kreuzfahrten
	Sony Music
	SPD
	WWF

**Super an der Spree GmbH –
Kreativ- und Digitalagentur**

switch:design

Anschrift switch:design GmbH
Schellerdamm 2a
21079 Hamburg

Fon (0 40) 36 97 33 20
Fax (0 40) 36 97 33 90
Mail info@switch-design.de
Web www.switch-design.de

Kontakt René Fehrmann
(Geschäftsführer)

Spektrum switch:design bietet seinen Kunden als Design-Agentur Beratung, Konzeption, Naming, Gestaltung und Umsetzung in den Disziplinen Produkt- und Packungsdesign sowie Corporate Design und Corporate Communication.

Referenzen Branchen:
Skin Care
Cosmetics
OTC Products
Food & Beverages
Confectionary

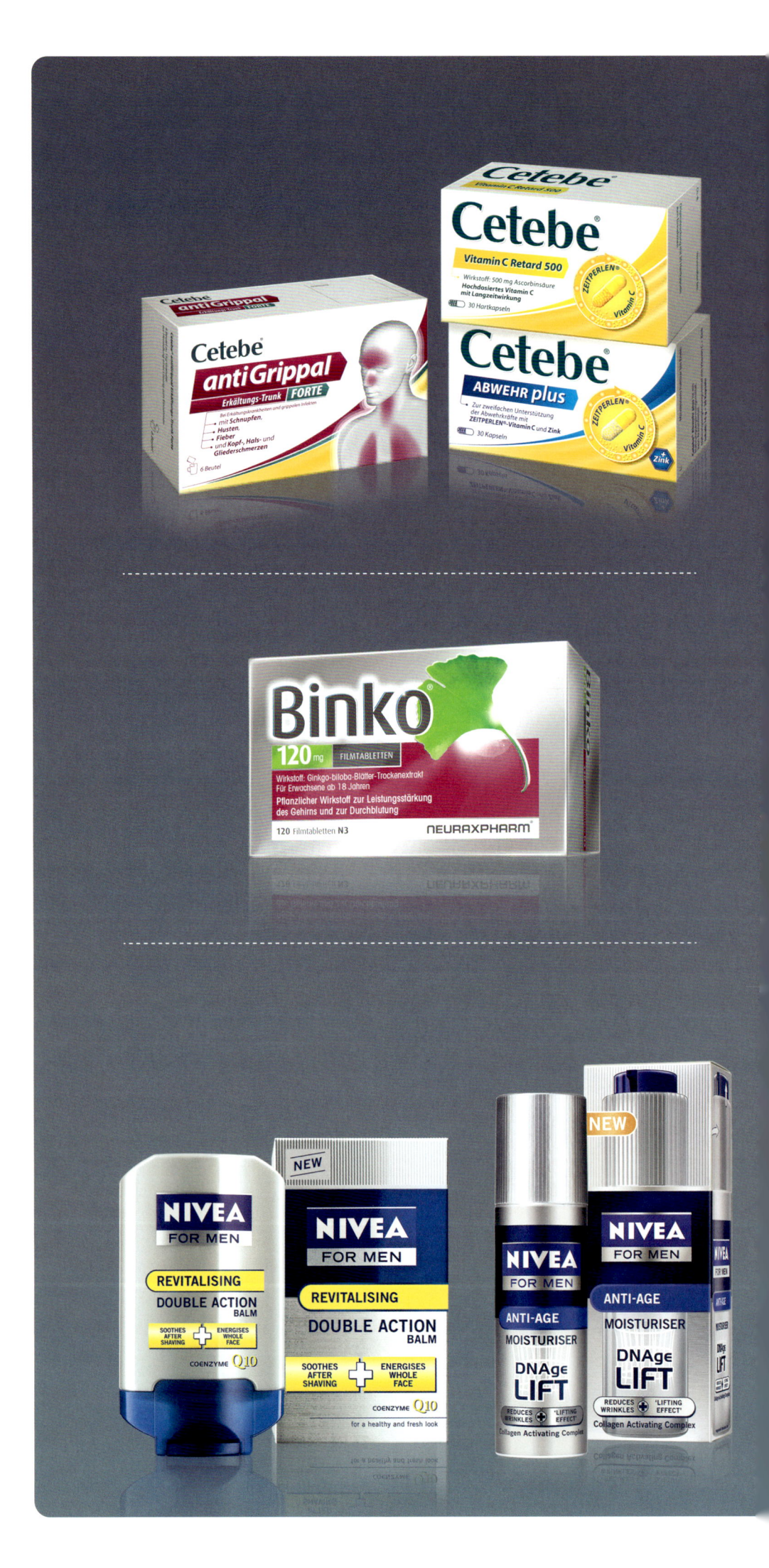

switch:design

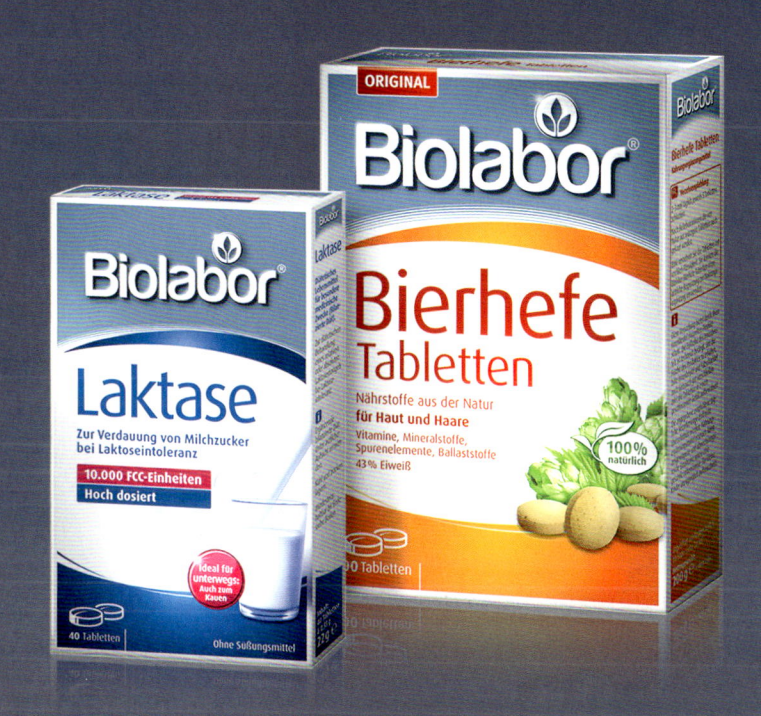

TAKTZEIT

Anschrift TAKTZEIT GmbH
Marketing Kommunikation
Römerstraße 6
40476 Düsseldorf

Fon (02 11) 361 17 89-0
Fax (02 11) 361 17 89-9
Mail info@taktzeit.com
Web www.taktzeit.com

Kontakt GF Beratung:
Sven-Carsten Hennings

GF Kreation:
Till Belkoura

Spektrum Strategische Kommunikation
Sales Marketing
Packaging Design
Marketing Service
Digitale Medien
FFF

Referenzen 20th Century Fox / MGM
BECHEM Lubrication Technology
Bridgestone D/A/CH
Candy Hoover Deutschland
Delisoft / Regina
dm-drogerie markt
EVONIK Industries
First Stop Reifen Auto Service
FISCHER die Fahrradmarke
LUX-Tools
SILVERLINE
Sofidel S.p.A.
SUPER RTL
Universal Eisen- und Stahl
Walt Disney HE
Wrigley
WWF Deutschland
u. a.

Kompetenz-Partner diverser Marketing- und Werbeagenturen im Bereich Shoppermarketing

Awards POPAI Award „Verkaufsförderung 2013" in SILBER
DUON-Zertifizierung 2013 in PLATIN
DUON-Zertifizierung 2014 in PLATIN

SUPE
RIOR
OUR TEAM IS FRESH
Show haters some love!
OUR TEAM IS FRESH
OUR TEAM IS FRESH

TEAM MEUTER

Anschrift Team Meuter GmbH
Die Profilschärfer
Tungerloh-Pröbsting 20
48712 Gescher

Fon (0 25 42) 87 89 54-0
Fax (0 25 42) 87 89 54-4
Mail post@meuter.de
Web www.meuter.de

Kontakt Anja Meuter (Geschäftsführerin)

Spektrum Unternehmens-Kommunikation
Marken-Kommunikation
Online-Kommunikation
Live-Kommunikation

Philosophie TEAM MEUTER – DIE PROFILSCHÄRFER

Als B-to-B Kommunikationsspezialist entwickeln wir für Sie Konzepte mit Profilschärfe. Unsere Arbeit trägt wesentlich dazu bei, Ihren Markenwert zu steigern, die Besonderheiten Ihrer Produkte und Leistungen unverwechselbar zu machen und Ihre Budgets effizient einzusetzen. Mit schonungsloser Offenheit decken wir Potenziale auf, identifizieren Kommunikations-Baustellen und entwickeln neue Impulse für Ihre Kommunikation. Damit Ihr Profil an Wert gewinnt.

Wir sind 14 bodenständige Charaktere, die mitten im Leben stehen. Die ihre Herzen, ihre Zeit, ihr Wissen, ihre Leidenschaft und ihren Willen kompromisslos in die Schärfung Ihres Profils investieren. Erwarten Sie Detailtiefe, Sachverstand und Anspruch – aber niemals 0-8-15.

Referenzen Audi AG
Avia Klöcker
Brüninghoff Projektbau
Febi Bilstein
Hoffmann Ladenbau
IHK Nord Westfalen
LMC Caravan
Scheffer Krantechnik
Sonepar Deutschland

Awards Great Place to Work® 2013

WENN IHRE MARKE NACH MEHR PROFIL SCHREIT …

… braucht sie keine aggressive Kommunikation, sondern eine intelligente Strategie der leisen Töne. Wenn Sie B-to-B Kommunikationsspezialisten suchen, die Botschaften entwickeln, die wirklich bei Ihren Kunden ankommen, sprechen Sie mit uns.

TEAM MEUTER
Die Profilschärfer

teampenta

Anschrift teampenta GmbH & Co. KG
Seibertzweg 2
44141 Dortmund

Fon (02 31) 55 69 52-0
Fax (02 31) 55 69 52-30
Mail info@teampenta.eu
Web www.teampenta.de
www.teampenta.de/vision
www.teampenta-consulting.de

Kontakt Lothar Hötger

Spektrum Als Full-Service-Agentur seit über 25 Jahren vorwiegend im B-2-B-Bereich tätig

Kernkompetenz:
• Strategische Marketingkommunikation

Leistungen:
• Klassische Beratung, Kreation und Realisierung von Print- und Online-Maßnahmen, Öffentlichkeitsarbeit, Messeauftritte und CSR- sowie Employer-Branding-Strategien

Specials:
• Informations- und Kommunikationslösungen: Datenbanken, Portale, Individualentwicklung, IT-gestützte Prozessoptimierung

• 3D-Vision:
Eindrucksvolle Bildwelten schaffen. Unsichtbares sichtbar machen. Begeisterung wecken. Ob für Print, Web oder Film, teampenta kreiert präzise und ausdrucksstarke 3D-Visualisierungen. Wir rendern jedes Produkt vollständig aus allen gängigen CAD-Anwendungen und setzen es in jede gewünschte Position.

Philosophie Unter dem Motto „five steps to grow" arbeitet teampenta stets nach dem prinzip:penta. Diese Arbeitsmethode, die erfolgreiche Markenkommunikation als Ergebnis systematischen Denkens und Handelns erachtet, ermittelt die Potenziale eines Unternehmens oder einer Marke, steuert die Prozesse, entwickelt Nutzenversprechen, definiert die Art und Weise des Unternehmensauftritts und der erwarteten Profite. Die Ergebnisse präsentieren sich in Form individueller und stimmiger Lösungen für eine wertebasierte und durchgängige Markenbildung und -kommunikation.

Referenzen Alcoa Architectural Products
ESSMANN GROUP
Kawneer
Montanhydraulik
Volkswagen R

GOLDRAUSCH

teampenta
5 steps to grow

Wir bauen Ihnen die Welt,
wie sie Ihnen

teampenta
5 steps to grow

gefällt.

Weitere Informationen auf:

www.teampenta.de & www.teampenta.de/vision

think moto

Anschrift think moto GmbH
Saarbrücker Straße 24
10405 Berlin

Fon (0 30) 81 01 19 98
Fax (0 30) 94 88 97 87
Mail hi@thinkmoto.de
Web www.thinkmoto.de
www.brandnewthinking.de
www.brandedinteractions.de

Kontakt Anna Kubitza, Account Director
anna.kubitza@thinkmoto.de

Spektrum Brand Strategy
Brand Design
Interface Design
Service Design

Philosophie Wir führen Marken in ein Zeitalter post-digitaler Lebensstile. Wir gestalten Identitäten, digitale Produkte und Services. Unser Branded Interaction Design (BIxD) Prozess verbindet markenstrategische Tools mit User Experience Design und Design Thinking Methoden. Wir arbeiten partnerschaftlich, mit Leidenschaft und Haltung. Wir pitchen nicht.

Referenzen American Spirit, AVM/Fritzbox!, bulthaup, Bookwire, BYRK, Cornelsen Schulverlage, Gruner+Jahr, HAUFE Gruppe, HotelNetSolutions, Mediengruppe Thüringen, Men's Health, relayr, sayHey, simyo u. a.

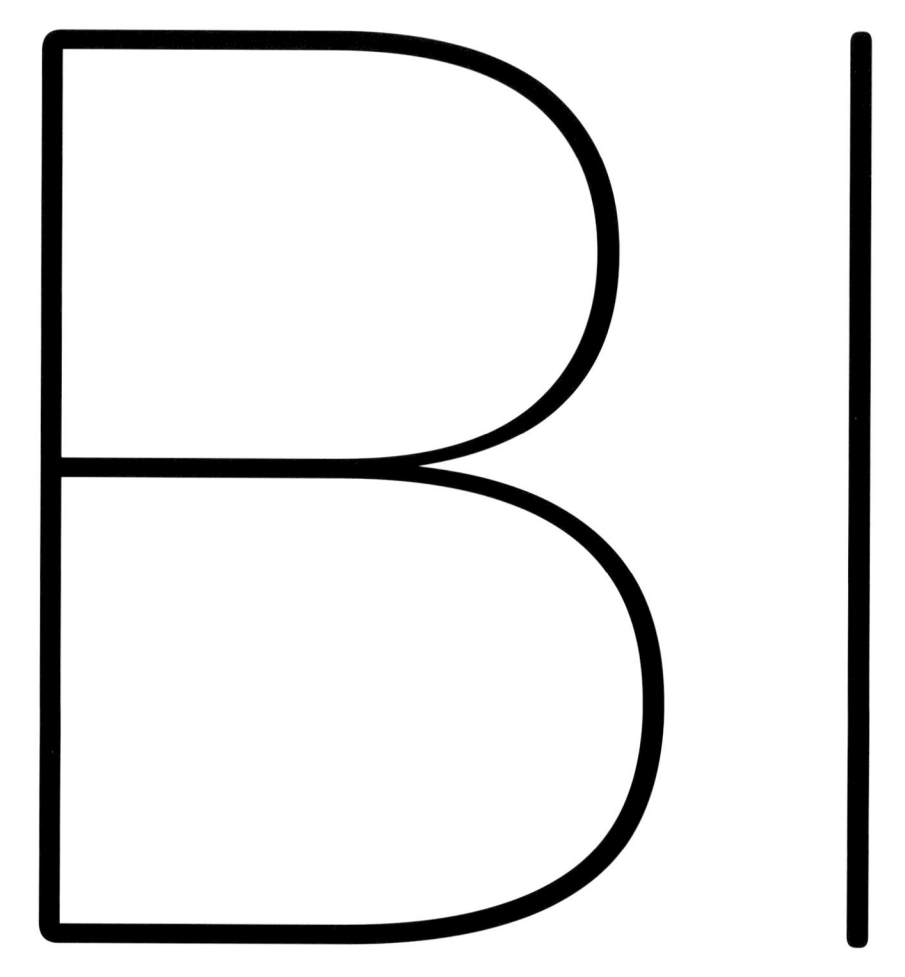

XD

BRANDED INTERACTION DESIGN

Tom Leifer Design

Anschrift
Tom Leifer Design
Mittelweg 161
20148 Hamburg

Fon (0 40) 41 49 61 88-0
Fax (0 40) 41 49 61 88-15
Mail mail@tomleiferdesign.de
Web www.tomleiferdesign.de

Kontakt Charlotte Weber

Spektrum
Corporate Design
Editorial Design
Web Design

Philosophie Design führt

Vor allem zu Entscheidungen: Kaufe ich oder nicht? Vertraue ich oder nicht? Mag ich oder nicht? Wie wir darauf antworten, hat viel mehr mit Design zu tun, als die meisten ahnen. Warum? Weil Design uns schon außen zeigt, was innen ist.

Wir wollen die unsichtbaren Qualitäten Ihrer Marke oder Ihres Unternehmens sichtbar machen und Ihre Zielgruppe zur richtigen Entscheidung (ver)führen. Unsere Tätigkeitsschwerpunkte sind Corporate Design, Editorial Design und Web Design. Strategische Beratung und hochwertige Umsetzung inklusive.

Damit Design zu Entscheidungen führt.

Referenzen AEMEDIA, Alphabeta, BERLINER FREIHEIT, BM Brand Media, Book 'n' App pAPPlishing house, BRAUN Hamburg, clic, club!, concerti, COUNTRY, DER FEINSCHMECKER, Eschenbach, FESTIVAL KONTRASTE, FILTRAL, Hamburger Abendblatt, Handelskammer Hamburg, Heaven's Gate Interior, hit-Technopark, Hormocenta, IMAARI, Leica, LLOYD Shoes, MARKENBEWEGUNG, Metaplan, Metropol Grund, Newmex Consulting, Novofibre, PARSHIP, Poletto Winebar, Schlüter & Maack, Spiegel Verlag, SPORTFIVE, TELLUS Books, tolstoii, UNGER Hamburg, uvex, Wempe, Wer liefert was?

Awards
Best of Corporate Publishing – Gold 2014
The Communicator Awards 2014
46. Berliner Type – Silber Award 2014
46. Berliner Type – Diplom Illustrationen 2014
46. Berliner Type – Bronze Award 2014
Corporate Design Preis 2014
2x red dot: winner 2014
iF communication design award 2013
Good Design Award 2012
2x red dot: winner 2012
44. Berliner Type – Bronze Award 2012
44. Berliner Type – Silber Award 2012
44. Berliner Type – Diplom Fotografie 2012
43. Berliner Type – Silber Award 2011
43. Berliner Type – Bronze Award 2011
red dot: best of the best 2011
iF communication design award 2010
TDC 56 2010
Corporate Design Preis 2009

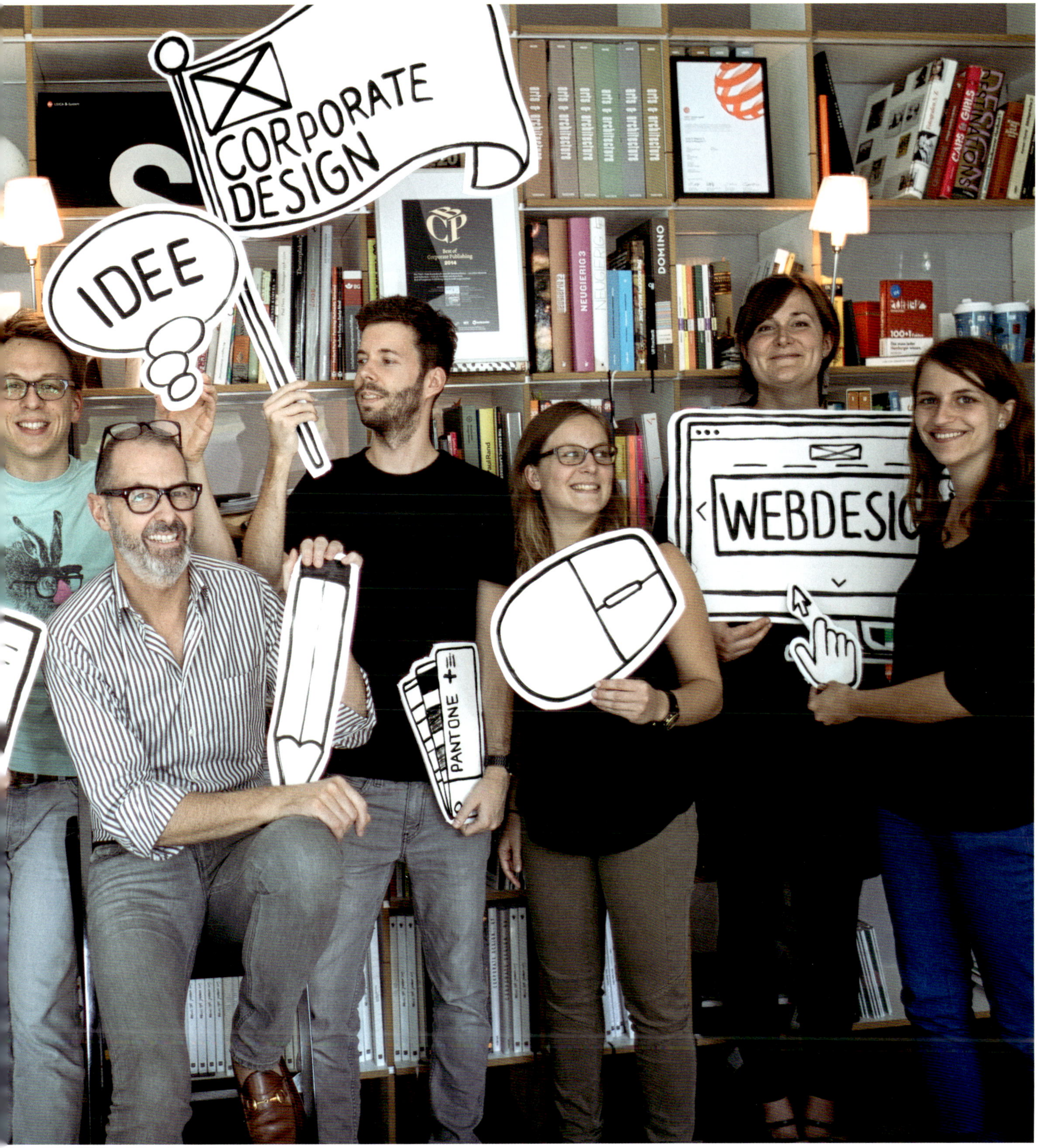
CORPORATE DESIGN
IDEE
WEBDESIG
PANTONE

Uniplan

Anschrift Uniplan GmbH & Co. KG
Schanzenstraße 39 a/b
51063 Köln

Fon (02 21) 845 69-0
Fax (02 21) 845 69-200
Mail uniplan@uniplan.com
Web www.uniplan.com

Kontakt Vanessa Ricart Brede

Spektrum Live Communication:

interaktive Messe- und Markenauftritte
Flagship- und Pop-up-Stores
Roadshows
Ausstellungen
Public und Corporate Events
Below-the-line Kampagnen und Promotions

Philosophie Wir inszenieren Begegnungen zwischen Menschen und Marken. Live Communication bedeutet für uns, Marken individuell erlebbar zu machen, Geschichten zu erzählen, emotionale Momente zu teilen und unvergessliche Erlebnisse zu schaffen. Denn ein Erlebnis ist einzigartig.

Referenzen 3M
adidas
Audi
BMW
Daimler
Deutsches Fußballmuseum
E.ON
Kuhn Rikon
Mazda
Nationale Anti Doping Agentur NADA
Nu Skin
Porsche
Sony PlayStation
Toshiba
Volvo

Awards DDC-Award „Gute Gestaltung"
Designpreis Deutschland
EuBEA - European Best Event Award
Exhibit Design Award
FAMAB Award
Galaxy Award
iF communication design award
red dot award: communication design

Nationale Anti Doping Agentur NADA | Markenbild und Corporate Design

Nu Skin | Award-Show-Galadinner in Dubai

Deutsches Fußballmuseum | Richtfest

Kuhn Rikon | Ambiente

Mazda | Global Motorshow Design

WEADYOU

Anschrift WEADYOU GmbH
Marktplatz 5
71634 Ludwigsburg

Fon (0 71 41) 279 90-00
Fax (0 71 41) 279 90-30
Mail hello@weadyou.com
Web www.weadyou.com

Kontakt Claudia Hoppe

Spektrum
- Brand Identity
- Design
- Online/Interactive
- Print
- Social Media

WEADYOU ist eine inhabergeführte Werbeagentur, spezialisiert auf ganzheitliche Markenkommunikation. Mit Liebe zum Detail, fundiertem Fachwissen und dem ständigen Anspruch an Exzellenz, bieten wir zielorientierte, gut gestaltete und nachhaltige Lösungen auf hohem Niveau.

Aus dem Herzen von Ludwigsburg betreuen wir eine große Bandbreite an Kunden. Wir arbeiten für Unternehmen (B-to-B und B-to-C), Institutionen, Marken und Agenturen. Dabei streben wir immer eine langfristige, vertrauensvolle Zusammenarbeit an. Unsere Schwerpunkte sind Design, Print, Online, Markenentwicklung.

Referenzen
Eisenmann AG
Kids & Concepts GmbH
G-Star Berlin
IBM Deutschland
K11 Consulting GmbH
Evangelisches Jugendwerk
Nubedian GmbH
laugh&peas entertainment+lifestyle GmbH
Bosch Energy and Building Solutions GmbH
Bildungsbüro Ludwigsburg
CJD gemeinnütziger e. V.
Zeitland media & games GmbH
Robert Bosch GmbH
Stuttgarter Zeitung GmbH
IKK Baden-Württemberg und Hessen
PETERHOPPE GmbH
mamo Lifestyle
BEKO Basketball Bundesliga
Molkerei Alois Müller GmbH & Co. KG
Photo Planet GmbH
klink Gartenmöbel GmbH & Co. KG
FamilyLoft GmbH
SDS GmbH & Co. KG
de´ignis Wohnheim gGmbH
Sharron Levy
u. a.

NICE TO
MEET YOU!
WE ARE
WEADYOU.

WHITE Communications

Anschrift	WHITE Communications GmbH
Rosenheimer Straße 145e
81671 München
Fon	(0 89) 36 07 66-0
Mail	info@white.de
Web	www.white.de
www.20.white.de
www.facebook.com/white.communications
Kontakt	Rupert Wild

Spektrum WHITE is a leading independent communication agency for international luxury brands.

WHITE creates strategies and solutions that evoke desire and emotion. We place brands in environments where consumers and opinion leaders become passionate fans, our goal: to ensure long term buying decisions.

Our key areas of competence in the fields of fashion, beauty, watches & jewellery, accessories, eyewear and sport:

MEDIA AGENCY: Global Player: combining a global mindset with expert knowledge of local markets, the media unit focuses on highend print, out-of-home, TV and cinema, bringing your target group to your brand – efficiently and creatively.

DIGITAL AGENCY: We have excellent competence on all digital channels. Display campaigns, eMail Marketing, Social Media, Mobile, SEO/SEM. Our specialists have in-depth knowledge and offer expertise on all facets of digital marketing. We ensure a high quality and an appropriate positioning of your brand. Our digital services provide luxury brands with a unique and authentic voice on the internet and allow them to precisely target their audience. Our in-depth reporting allows not only a consistent optimisation of the campaign but also critical insights into the consumer behaviour of your target group.

PUBLIC RELATIONS AGENCY: Exclusive coverage in high class editorial environments, as well as in our showroom. We have longstanding and trustworthy relationships with top media partners not only in Germany but worldwide. We are always informed about trends and news within the international luxury sector. This knowhow is reflected in how we develop individual strategies for your brand.

EVENT SERVICES: Luxury brands as a live experience: whether at product launches, or exclusive press and showroom events.

Referenzen For more than two decades, WHITE has been the loyal partner of many renowned brands from the fashion, beauty, jewellery, accessory and sport sectors.

References and best case studies upon request.

MEDIA • PR • DIGITAL • CREATIVE SERVICES

ROSENHEIMER STRASSE 145E • 81671 MUNICH • GERMANY • +4989360766 - 0 • HELLO@WHITE.DE • WWW.WHITE.DE

...FALCON WHITE DESIGNAGENTUR FINAL IMAGE FLAECHENBRAND FORCE GABRIEL DE
...JÄGER & JÄGER JANSSEN GOUTTE JUSTBLUE.DESIGN KAAPKE KAI THOMAS DESIGN
...LEISEDER KOMMUNIKATION PLUS LIEBCHEN+LIEBCHEN LIVEWELT LOCKSTOFF DESIG
...NULLEINS OGILVY & MATHER OLIVER VOSS OPEN STUDIO PAHNKE MARKENMACHEREI P
...NEFUNKDESIGN SCHLEEGLEIXNER SCHMID/WIDMAIER STOFFERS/STEINICKE STRATEGE
...HINK MOTO TOM LEIFER DESIGN UNIPLAN WEADYOU WHITE COMMUNICATIONS 3ST KO
...ND BETTY BRAND.DAVID BRAND REVOLUTIONS BÜRO GROTESK BUREAU BLEEN C&N CA
...MUNICATIONS DES WAHNSINNS FETTE BEUTE DFM BRAND BUILDERS DFROST DIECKERT
...N UND TEAM EIGA DESIGN ELBEDESIGNCREW ENGELMANN & KRYSCHAK FABER & MARK
...IKATION GIRAFFENTOAST HAUSER LACOUR HEUREKA HOME HW.DESIGN INTERBRAND J
...BE KOM KONTRAST COMMUNICATION SERVICES LAMBIE-NAIRN LANDOR ASSOCIATES LE
...Z PUNKT MITHO MÜLLER MÖLLER BRUSS NIEHAUS KNÜWER AND FRIENDS NUISOL NULL
...DÉE PETER SCHMIDT GROUP POINT PUR[E]ART RED MONKEYS SABINEFUNKDESIGN SCH
...DER SPREE SWITCH:DESIGN TAKTZEIT TEAM MEUTER TEAMPENTA THINK MOTO TOM LEI
...AGENTUR RICHTER AGONIST MEDIA ANIMANUAL BASIC-UNIT BETTY UND BETTY BRAND
...PMANN DESIGN DEN MUTIGEN GEHÖRT DIE WELT DESIGNAIR COMMUNICATIONS DES WA
...RACTIVE COMMUNICATION DRWA DAS RUDEL WERBEAGENTUR EDEN UND TEAM EIGA D
...GE FLAECHENBRAND FORCE GABRIEL DESIGN TEAM GAIDA KOMMUNIKATION GIRAFFEN
...E.DESIGN KAAPKE KAI THOMAS DESIGN KHALIL + FREUNDE KOLLE REBBE KOM KONTRAS
...CHEN+LIEBCHEN LIVEWELT LOCKSTOFF DESIGN LOVED MARKENLIAISON MËRZ PUNKT
...S OPEN STUDIO PAHNKE MARKENMACHEREI PETER SCHMIDT, BELLIERO & ZANDÉE PETE
...TOFFERS/STEINICKE STRATEGEN GESTALTER STUDIO ELFENBEIN SUPER AN DER SPREE
...TE COMMUNICATIONS 3ST KOMMUNIKATION ACT&REACT WERBEAGENTUR AGENTUR RI
...TESK BUREAU BLEEN C&N CANTALOOP CLORMANN DESIGN COLELL & KAMPMANN DESI
...DERS DFROST DIECKERTSCHMIDT DIGIDEN DRAGON ROUGE DRIVE INTERACTIVE COMM
...YSCHAK FABER & MARKE FALCON WHITE DESIGNAGENTUR FINAL IMAGE FLAECHENBRA
...E HW.DESIGN INTERBRAND JÄGER & JÄGER JANSSEN GOUTTE JUSTBLUE.DESIGN KAAP
...NAIRN LANDOR ASSOCIATES LEISEDER KOMMUNIKATION PLUS LIEBCHEN+LIEBCHEN LIV
...WER AND FRIENDS NUISOL NULLEINS OGILVY & MATHER OLIVER VOSS OPEN STUDIO PA
...KEYS SABINEFUNKDESIGN SCHLEEGLEIXNER SCHMID/WIDMAIER STOFFERS/STEINICKE
...MPENTA THINK MOTO TOM LEIFER DESIGN UNIPLAN WEADYOU WHITE COMMUNICATION
...BETTY UND BETTY BRAND.DAVID BRAND REVOLUTIONS BÜRO GROTESK BUREAU BLEE
...R COMMUNICATIONS DES WAHNSINNS FETTE BEUTE DFM BRAND BUILDERS DFROST DI
...TUR EDEN UND TEAM EIGA DESIGN ELBEDESIGNCREW ENGELMANN & KRYSCHAK FABER
...DA KOMMUNIKATION GIRAFFENTOAST HAUSER LACOUR HEUREKA HOME HW.DESIGN INT
...UNDE KOLLE REBBE KOM KONTRAST COMMUNICATION SERVICES LAMBIE-NAIRN LANDO
...KENLIAISON MËRZ PUNKT MITHO MÜLLER MÖLLER BRUSS NIEHAUS KNÜWER AND FRIE
..., BELLIERO & ZANDÉE PETER SCHMIDT GROUP POINT PUR[E]ART RED MONKEYS SABIN
...ENBEIN SUPER AN DER SPREE SWITCH:DESIGN TAKTZEIT TEAM MEUTER TEAMPENTA TH
...&REACT WERBEAGENTUR AGENTUR RICHTER AGONIST MEDIA ANIMANUAL BASIC-UNIT
...RMANN DESIGN COLELL & KAMPMANN DESIGN DEN MUTIGEN GEHÖRT DIE WELT DESIGN
...DRAGON ROUGE DRIVE INTERACTIVE COMMUNICATION DRWA DAS RUDEL WERBEAGEN
...TE DESIGNAGENTUR FINAL IMAGE FLAECHENBRAND FORCE GABRIEL DESIGN TEAM GA
...ER JANSSEN GOUTTE JUSTBLUE.DESIGN KAAPKE KAI THOMAS DESIGN KHALIL + FREUN
...MUNIKATION PLUS LIEBCHEN+LIEBCHEN LIVEWELT LOCKSTOFF DESIGN LOVED MARKE
...VY & MATHER OLIVER VOSS OPEN STUDIO PAHNKE MARKENMACHEREI PETER SCHMIDT
...GLEIXNER SCHMID/WIDMAIER STOFFERS/STEINICKE STRATEGEN GESTALTER STUDIO EL
...DESIGN UNIPLAN WEADYOU WHITE COMMUNICATIONS 3ST KOMMUNIKATION ACT&REA
...D BRAND REVOLUTIONS BÜRO GROTESK BUREAU BLEEN C&N CANTALOOP CLORMANN
...NSINNS FETTE BEUTE DFM BRAND BUILDERS DFROST DIECKERTSCHMIDT DIGIDEN DRA
...GN ELBEDESIGNCREW ENGELMANN & KRYSCHAK FABER & MARKE FALCON WHITE DESI
...TOAST HAUSER LACOUR HEUREKA HOME HW.DESIGN INTERBRAND JÄGER & JÄGER JAN
...EBBE KOM KONTRAST COMMUNICATION SERVICES LAMBIE-NAIRN LANDOR ASSOCIATE
...LOVED MARKENLIAISON MËRZ PUNKT MITHO MÜLLER MÖLLER BRUSS NIEHAUS KNÜW
...ER SCHMIDT, BELLIERO & ZANDÉE PETER SCHMIDT GROUP POINT PUR[E]ART RED MONK
...DIO ELFENBEIN SUPER AN DER SPREE SWITCH:DESIGN TAKTZEIT TEAM MEUTER TEAMP
...&REACT WERBEAGENTUR AGENTUR RICHTER AGONIST MEDIA ANIMANUAL BASIC-UNIT
...RMANN DESIGN COLELL & KAMPMANN DESIGN DEN MUTIGEN GEHÖRT DIE WELT DESIGN

SELECTION 2014/2015
SELECTION-GERMANY.DE

★ INTERVIEWS PART 2 | SELECTION 2014/2015

GERD EDEN
GERRIT SCHWERZEL
STEFAN HAUSER
MARC CLORMANN
MARTINA MERZ

Im Gespräch mit ...

GERD EDEN   221
(eden und team)

GERRIT SCHWERZEL   223
(DEN MUTIGEN GEHÖRT DIE WELT.*)

STEFAN HAUSER   225
(hauser lacour)

MARC CLORMANN   227
(Clormann Design)

MARTINA MERZ   229
(mërz punkt)

★ INTERVIEW | **GERD EDEN** | EDEN UND TEAM

GERD EDEN
EDEN UND TEAM

Im Gespräch mit dem Gründer und Geschäftsführer von eden und team aus Bochum.

▸ **Gerd Eden, erzählen Sie uns doch bitte etwas zur Entstehung und zur Entwicklung Ihrer Agentur.**
Unsere Agentur besteht seit nunmehr 26 Jahren. Das ist meiner Meinung nach für eine Werbeagentur eine beachtliche Leistung und das im Ruhrgebiet. S+J ist nicht so alt geworden. Die wollten übrigens mal eine Dependance mit uns im Ruhrgebiet aufbauen. Es ist gut, dass nichts daraus geworden ist, denn dann gäbe es uns auch nicht mehr. Wir sind am Anfang gleich mit sehr guten Kunden gestartet: Adidas, C&A, Horten, für die wir das Galeria Konzept entwickeln durften. Daraus ist dann später die Galeria Kaufhof entstanden. Ganz schnell wurden wir als Spezialisten für Handel und Mode gehandelt, gingen bei den Versendern ein und aus und haben weltweit Fotoshootings organisiert. Das machen wir übrigens immer noch. Irgendwann kam HIS Jeans dazu. Die haben wir dann 17 Jahre betreut. Einen Jeanser zu betreuen hat Spaß gemacht und es wurde auch nie langweilig, weil wir alle Aufgaben lösen durften und mussten, die sowohl bei BtoB und BtoC anfielen.

▸ **Wie sieht das Leistungsspektrum genau aus?**
Wir haben mehr als ein Vierteljahrhundert Wissen gespeichert und sind fit in BtoB, BtoC, CD, CI, CMR, Design, Literatur, Marken- und Marketingkonzeption, POS-Marketing, Neue Medien, Fotoshootings, Verkaufsförderung, Website, Social-Media, e-shops und Apps. Kurz gesagt beherrschen wir Klassik, denn da kommen wir her und das hohe Know-how, das wir uns da angeeignet haben, übertragen wir auch in die digitalen Medien.

▸ **Was unterscheidet die Agentur von Mitbewerbern? Was zeichnet sie Ihrer Meinung nach aus?**
Wir sind 26 Jahre dabei, aus dem Ruhrgebiet und arbeiten für Kunden europaweit. Das ist doch wohl schon ein Alleinstellungsmerkmal. Wir arbeiten lange für Kunden. Stadtwerke 20 Jahre, Karstadt 19 Jahre, HIS 17 Jahre, Fressnapf 6 Jahre, C&A 7 Jahre. Das bedeutet, dass wir was können und unsere Kunden gut mit uns zurechtkommen.

▸ **In Ihrer Laufbahn haben Sie zahlreiche Lösungen für diverse Kunden entwickelt. Können Sie uns Projekte nennen, auf die Sie besonders stolz sind?**
Stimmt, wir haben wirklich zahlreiche Lösungen entwickelt. Aber so richtig stolz darauf – nein, bin ich nicht. Stolz bin ich auf meine Kinder, weil die so gut geraten sind. Ich finde es selbstverständlich, für einen Kunden, der für unsere Leistung bezahlt, einen guten Job zu machen. Wir haben für HIS einige Hollywood-Produktionen gemacht. Das war super und ich weiß, dass das andere Agenturen auch gern gemacht hätten. Wenn ich bei HIS war, durfte ich mir immer die gestapelten Selbstdarstellungen der Agenturen ansehen. Ich gebe zu, dass mich das gefreut hat. Damals haben wir für HIS zusammen mit OTTO eine digitale Shoplösung entwickelt, als noch keiner über e-commerce sprach.

▸ **Gibt es Trends und Entwicklungen, die Sie aktuell in der Werbung spüren?**
Die Werbung – gibt es die noch? Die Kreativlösung ist doch nicht mehr das fertige Bild mit dem dazugehörigen Text, sondern die geniale Vernetzung von klassischen und digitalen sozialen Medien und dann noch eine Idee, die crossmedial funktioniert. Als Beispiel nenne ich, um zu verdeutlichen was ich meine: Den gesamten IKEA Katalog auf Instagram. Eine geniale, höchst kreative Leistung der Agentur.

▸ **Was macht für Sie wirklich gute Werbung aus?**
Das richtige, gute Ergebnis für den Kunden, mit dem er zufrieden und erfolgreich ist.

▸ **Vervollständigen Sie bitte: Ein Unternehmen sollte eden und team beauftragen, wenn ...**
... kommunikativ ein Stillstand entstanden ist und etwas völlig Neues entstehen soll. Dann sind wir richtig.

▸ **Gibt es eine Marke, für die Sie liebend gerne einmal arbeiten würden? Falls ja, für welche und weshalb?**
Es gibt natürlich viele Marken, für die wir gerne arbeiten würden. Fangen wir mit A an, weil es der erste Buchstabe im Alphabet ist. Wieder für Adidas. Wir mögen und leben Sport und Mode – deshalb.

▸ **Wie empfinden und bewerten Sie momentan die deutsche Kreativbranche?**
Ich finde die deutsche Kreativbranche gut und international gefragt. Wir müssen uns nicht verstecken. Deshalb will ich sie auch nicht vergleichen. Wir haben bedeutende Künstler, Maler, Schauspieler, Fotografen, Modedesigner, Grafiker und auch gute Werber.

▸ **Ihre Agentur ist in Bochum ansässig. Was schätzen Sie beruflich und privat an diesem Standort?**
Bochum ist eigen. Jeder, der hier geboren wurde, hatte irgendjemanden in der Familie, der auf der Zeche oder in der Fabrik gearbeitet hat. Die Betonung liegt hier auf „hatte". Wir haben den Strukturwandel schon hinter uns. Wer hier existieren will, muss kreativ sein, denn einfach nur arbeiten geht nicht mehr. Wir sind Universitätsstandort mit den meisten Studierenden in NRW. Wir sind gebildet. Berühmte Künstler kommen aus dieser Stadt. Wir sind kreativ. Sehr viele Bochumer arbeiten in Hamburger Kreativagenturen, aber ich kann versichern: Die meisten guten Leute sind hier geblieben und haben eine richtig gute Kreativszene entwickelt. Kein anderes Bundesland hat so viele FHs und Unis wie NRW und bildet Kreative aus. Privat ist hier Heimat. Es ist alles da, was ich brauche. Provinz und Weltstadt liegen hier ganz dicht beieinander. Wir haben hier kein Wohnzimmer in unserer Agentur aufgebaut, um die Zielgruppe kennenzulernen. Wir wohnen darin, gehen vor die Tür und leben Zielgruppe.

▸ **Nennen Sie uns bitte drei Webseiten, die Sie regelmäßig besuchen.**
www.edenundteam.de, www.bochum-tourismus.de und www.christuskirche-bochum.de

Gerd Eden ist Gesellschafter und Geschäftsführer von eden und team. Der Diplom Designer hat die Agentur vor 26 Jahren gegründet und hat es geschafft, sie sowohl offline wie auch online zu positionieren. Das funktioniert sehr gut, weil immer wieder junge Mitarbeiter eingestellt worden sind. Mit diesen Digital Natives ist die Agentur für die Zukunft gut aufgestellt und in der glücklichen Lage, crossmedial zu denken und zu arbeiten.

Links
▸ **www.edenundteam.de**

★ INTERVIEW | **GERRIT SCHWERZEL** | DEN MUTIGEN GEHÖRT DIE WELT.*

GERRIT SCHWERZEL
DEN MUTIGEN GEHÖRT DIE WELT.*

Im Gespräch mit dem Geschäftsführer von DEN MUTIGEN GEHÖRT DIE WELT.* aus Hamburg.

▶ *Gerrit Schwerzel, Sie sind Geschäftsführer von DEN MUTIGEN GEHÖRT DIE WELT.* Erzählen Sie uns doch bitte kurz etwas zur Entstehung und zur Entwicklung der Agentur.*

Als wir 2002 mit DEN MUTIGEN GEHÖRT DIE WELT.* an den Start gingen, wollten wir die erste Agentur sein, die ihre Philosophie und ihren Claim direkt mit dem Namen transportiert. Außerdem war das Thema „Mut" in der Werbeagenturlandschaft noch völlig unbesetzt und arbeitete für uns als wunderbarer Door-Opener.

▶ *Wie sieht das Leistungsspektrum genau aus?*

Auf der Strategie- und Beratungsebene bieten wir unseren Kunden stets 360°-Lösungen, die nachhaltig und vernetzt sämtliche Kanäle bedienen. Im operativen Tagesgeschäft unterscheiden wir dann aber zwischen Inhouse- und Source-Support. So haben wir z. B. ein agenturinternes Film- und Fotostudio, in dem sowohl Kampagnen-Keyvisuals als auch Online-Bewegtbild-Content entsteht. Auf der anderen Seite arbeiten wir im Bereich von Website- und Datenbanken-Programmierung mit externen Partnern zusammen. Entscheidend dabei ist, dass wir immer als Qualitäts- und Performance-Garant für unsere Kunden agieren.

▶ *Was unterscheidet die Agentur von Mitbewerbern? Was zeichnet sie Ihrer Meinung nach aus?*

Bei uns ist nicht die kreative Konzeption die Kür – das setzen wir als „gutes Handwerk" voraus – DEN MUTIGEN GEHÖRT DIE WELT.* brilliert vor allen Dingen mit der stark ausgeprägten Absatz- und Vertriebsorientierung. Die DNA von Werbung – nämlich helfen zu verkaufen – behalten wir dabei immer im Auge. Und wenn ich das noch anmerken darf, die Menschen, die bei uns arbeiten verstehen sich auch immer als Partner der Kunden – der arrogante oder divenhafte Werber ist in unserem Team nicht vertreten, eine Tatsache, die unsere Kunden sehr schätzen.

▶ *In Ihrer Laufbahn haben Sie inzwischen zahlreiche Lösungen für diverse Kunden entwickelt. Können Sie uns Projekte nennen, auf die Sie ganz besonders stolz sind?*

Neben diversen Auszeichnungen wie dem ADC, dem Deutschen Medienpreis und dem zweimaligen CREA-Gewinn bin ich besonders stolz auf die Einführung des Radiosenders JUMP FM, welche nach wie vor eine der erfolgreichsten Radiosender-Neueinführungen ist. Aber auch unser soziales Engagement bei der Deutschen Kinder- und Jugendstiftung gehört dazu.

▶ *Gibt es Trends und Entwicklungen, die Sie aktuell in der Werbung spüren?*

Wir spüren deutlich, wie sich der gesellschaftliche Wertewandel auch mehr und mehr in der Werbung manifestiert. Vergleichen wir z. B. die heutigen Aussagen in der Auto- oder Finanzdienstleister-Kommunikation mit denen von vor 10 Jahren, wird schon sehr deutlich, dass sich da massive Verschiebungen ergeben haben. Die Zeiten von „mein Haus, mein Auto, mein Boot" sind vorbei, jetzt dominieren Themen wie „Work-Life-Balance, Nachhaltigkeit und Verantwortung". Und auf der anderen Seite erleben Mediaplanung und Targeting einen Hype durch die digitale Diversifikation der Kanäle.

▶ *Was macht für Sie wirklich gute Werbung aus?*

Wenn Werbung nachhaltig bewegt und die gebrieften Ziele erfolgreich erreicht sind, ist sie gut. Ist sie dabei noch überraschend und unterhaltsam, dann ist sie herausragend.

▶ *Vervollständigen Sie bitte: Ein Unternehmen sollte Den Mutigen gehört die Welt beauftragen, wenn ...*

... es auf der Suche nach einer neuen Agentur ist! Entschuldigung, da hat der Vertriebsmensch aus mir gesprochen. Im Ernst ... wenn man auf der Suche nach einem Team ist, das sehr genau zuhört, sich schnell und flexibel reindenken kann und mit neuen, effizienten Lösungen überrascht.

▶ *Gibt es eine Marke, für die Sie liebend gerne einmal arbeiten würden? Falls ja, für welche und weshalb?*

Vermutlich enttäusche ich Sie jetzt, aber Nike, Apple oder Red Bull sind nicht die Marken, die mich besonders heiß machen, denn da ist das „Kreativsein" sehr einfach. Mein Herz schlägt schon immer eher für die Underdogs oder für die Comeback-Brands, die es wieder wachzuküssen gilt. Also nicht Nike, eher Brütting.

▶ *Wie empfinden und bewerten Sie momentan die hiesige Kreativbranche (gerne auch im internationalen Vergleich)?*

Die deutschen Kreativen machen einen sensationellen Job und die zahlreichen internationalen Auszeichnungen bestätigen dieses eindeutig. Man muss hier aber wirklich zwischen dem Ruf der Deutschen im Allgemeinen und der Arbeit der hervorragenden Kreativen differenzieren. Grundsätzlich haben wir uns aber aus dem Bereich der Festival-Kreation zurückgezogen – unser Ehrgeiz liegt zu 100% darin, im Tagesgeschäft für unsere Kunden erfolgreiche Konzepte zu entwickeln.

▶ *Ihre Agentur ist in Hamburg ansässig. Was schätzen Sie beruflich und privat an diesem Standort?*

Morgens um kurz vor 5 aus dem Haus, den ersten Flieger zum Kunden in die Schweiz, ein langer Workshoptag, dann um 21:00 Uhr die Landung in Hamburg-Fühlsbüttel, ich steh auf dem Parkdeck, sauge die Hamburger Luft förmlich ein und ich bin ein glücklicher Mensch. Hamburg ist frisch, ehrlich, manchmal rau und dabei immer herzlich!

Gerrit Schwerzel, der gebürtige Hamburger studierte BWL, machte eine Ausbildung zum Werbekaufmann, um anschließend als Texter und später als Kreativ-Direktor bei diversen Agenturen in Deutschland zu arbeiten. Neben seiner Arbeit als Geschäftsführer von DEN MUTIGEN GEHÖRT DIE WELT.* sind seine weiteren Leidenschaften die Familie, der Dalmatiner Pixel, sein Trial-Motorrad und das Joggen.

DEN MUTIGEN GEHÖRT DIE WELT.* hat seit über 12 Jahren einen festen Platz in der deutschen Agenturlandschaft. Die Kreativagentur betreut online wie offline Unternehmen und Marken wie ERGO, Finish, Knorr, LÄTTA, Telekom, Sherpa Tensing und viele mehr. Als Besonderheit zeichnet die Agentur eine starke Vertriebs- und Absatzorientierung aus, die mit einem hohen kreativen Anspruch gelebt wird.

Links
▶ **www.dmgdw.de**

★ INTERVIEW | **STEFAN HAUSER** | HAUSER LACOUR

STEFAN HAUSER
HAUSER LACOUR

Im Gespräch mit dem Gründer und Managing Partner von hauser lacour aus Frankfurt.

▸ **Stefan Hauser, erzählen Sie uns doch bitte etwas zur Entstehung und Entwicklung Ihrer Agentur.**

Wir haben uns vor 15 Jahren als Corporate Design Büro mit einem ausgesprochen ganzheitlichen Ansatz gegründet. Die Grundidee hierbei war und ist, allerhöchste gestalterische und inhaltliche Qualität zu entwickeln. Das gelingt uns sowohl im Print- und Corporate Design-Bereich als auch in den digitalen und interaktiven Medien. In unseren Brandspaceprojekten haben wir unsere Leidenschaft in die dritte und vierte Dimension erweitert. Wir wollen dabei Grenzen überschreiten und dem Kontext angemessene Lösungen entwickeln. Was am Ende zählt ist, dass die Marke beim User oder Betrachter einen relevanten Eindruck hinterlässt. Diese Wirkung können wir durch unseren Ansatz „Visual Branding" hervorbringen.

▸ **Wie sieht das Leistungsspektrum genau aus?**

Wir haben im Laufe der letzten Jahre die Leistungsbereiche Corporate Design, Interactive Design, Brandspace Design und Brand Strategy vertieft und ausgebaut. Das entspricht unserem ganzheitlichen Markenverständnis und wir können so unsere Kunden von der Beratung bis zur Umsetzung aus einer Hand betreuen. Wir entwickeln und definieren in intensiven Workshops und Präsentationen die Marken- und Kommunikationsinhalte, finden die passende Form in Grafik, Schrift und Bild und erarbeiten die Medienformate mit besonderem Augenmerk auf den digitalen Bereich.

▸ **Was unterscheidet die Agentur von Mitbewerbern?**

Wir haben zahlreiche Kunden, die speziell zu uns kommen, weil sie von uns erwarten, dass wir die Herausforderungen einer digitalen Markenpositionierung und die damit verbunden konzeptionellen und gestalterischen Herausforderungen besonders gut lösen. Durch die hervorragenden Designer in unseren Reihen können wir jederzeit eine überdurchschnittliche Designqualität gewährleisten. Letztendlich ist es aber auch notwendig, intensiv und individuell auf die verschiedensten Anforderungen unserer Kunden eingehen zu können. Daraus resultieren Erfahrungen, die uns in Strategie, Design und Umsetzung zu dem machen was wir sind: Ein Agentur mit sehr profilierten visuellen Arbeiten, die konsequent aus dem Markenprozess heraus entwickelt sind.

▸ **Was macht für Sie wirklich gutes Design aus?**

Wirklich gutes Design ist in kreativer Hinsicht außergewöhnlich und in handwerklicher Hinsicht perfekt. Vor allem aber erkennt man dabei eine lebendige Inhaltlichkeit. Man könnte sagen, gutes Design ist immer auch eine gute Story – man spürt, dass gutes Design einem etwas erzählt. Dabei merkt man auch, dass das, was man wahrnimmt, für das eigene Wertesystem eine Relevanz besitzt. Und dieses System ergänzt, beeinflusst – in ganz besonderen Fällen sogar neu ordnet. Gutes Design ist ein echter Faktor in unserem Leben.

▸ **Vervollständigen Sie bitte den folgenden Satz: Man sollte hauser lacour beauftragen, wenn …**

… man seine Marke neu denken oder überdenken will und dabei einen strategisch-kreativen Partner sucht, der in allen Medien eine unverwechselbare Design- und Umsetzungsqualität besitzt.

▸ **Gibt es eine Marke, für die Sie liebend gerne einmal arbeiten würden? Falls ja, für welche und weshalb?**

Ich würde liebend gerne für Nike arbeiten. Die Art und Weise wie hier mit dem Markenzeichen gearbeitet wird ist im Detail absolut außergewöhnlich. Aber auch über sämtliche Designdisziplinen hinweg findet hier hervorragendes Design für ein sehr breites Publikum statt – ein Punkt, der trotz allem gestalterischen Anspruch nicht ungeachtet bleiben sollte. Meine Leidenschaft für diverse Sportarten ergänzt schließlich die Faszination für diese Marke. Durch die Arbeit mit dem Kunden Sony ist aber zumindest schon mal ein Wunsch in Erfüllung gegangen. Auch wenn die Marke einen schweren Weg vor sich hat, zum Erfolg der 80er und frühen 90er Jahre zurückzufinden.

▸ **Wie empfinden Sie die deutsche Kreativbranche?**

In Deutschland hat sich ein guter Designstandard etabliert. Dennoch sind die Schweizer, die Niederländer und die Engländer den Deutschen noch deutlich voraus. So empfinde ich das bis heute. Die Skandinavier haben natürlich auch ihre ganz starken Designqualitäten – um jetzt nur von Europa zu reden.

▸ **hauser lacour ist in Frankfurt ansässig. Was schätzen Sie beruflich und privat an diesem Standort?**

Natürlich schätzt jeder an Frankfurt die zentrale Lage innerhalb Deutschlands, bzw. Europas und dem Flughafen als internationalen Verkehrsknotenpunkt. Man kennt auch Frankfurt als herausragenden und sehr hochwertigen Kulturstandort. Wenn man aber eine Weile hier lebt und arbeitet, lernt man vor allem die extrem kurzen Wege zu schätzen. Die Stadt ist gleichzeitig groß und klein, verbindet Internationalität mit lokaler Verbundenheit – das ist unschlagbar.

▸ **Nennen Sie uns bitte drei Webseiten, die Sie regelmäßig besuchen.**

Eigentlich bin ich permanent im Web unterwegs, suche dort nach den Themen die mich gerade interessieren und stoße so auf immer wieder neue spannende Blogs und Websites. Hinsichtlich aktueller News und digitaler Entwicklungen steuere ich regelmäßig Seiten wie wired, siteinspire, awwwards oder creativeapplications an.

Stefan Hauser studierte visuelle Kommunikation an der HfG Offenbach und ist Partner bei hauser lacour. Er ist verantwortlich für die Umsetzung zahlreicher Projekte namhafter Kunden wie Sony oder die Alte Oper Frankfurt. Hinzu kommen Lehraufträge in Basel und Mainz sowie eine Gastprofessur 2008 an der FH Mainz. Stefan Hauser ist Mitglied im Deutschen Designer Club und Art Directors Club, wo er im Rahmen der ADC Awards mehrfach zum Jury-Mitglied berufen wurde.

hauser lacour ist eine Frankfurter Designagentur mit den Schwerpunkten Interactive Design, Corporate Design, Brandspace Design und Brand Strategy. Basierend auf 15 Jahren Erfahrung werden komplexe Projekte effizient und agil organisiert. Mit fast 100 Designpreisen und Nominierungen zählt hauser lacour zu der Spitze der kreativen Designagenturen.

Links
▸ **www.hauserlacour.de**

★ INTERVIEW | MARC CLORMANN | CLORMANN DESIGN

MARC CLORMANN
CLORMANN DESIGN

Im Gespräch mit dem Gründer und Geschäftsführer von Clormann Design aus Penzing.

►► **Marc Clormann, erzählen Sie uns bitte kurz etwas zur Entstehung und Entwicklung Ihrer Agentur.**

Ich habe das Designbüro vor 6 Jahren als „One Man Show" gegründet – aus dem Bedürfnis heraus, die Leidenschaft für effektive Gestaltung und ganzheitlichen Lösungsansätzen auch im Produktionsbereich mit bestmöglicher Qualität einzubringen. Nach über 10 Jahren als freier Gestalter für verschiedene Agenturen bzw. Kunden und dem Background des Industrial Design Studiums mit Schwerpunkt Packaging, habe ich stets versucht, neben der reinen Gestaltung auch produktionsrelevante Parameter zu berücksichtigen bzw. immer weiter zu optimieren. So gestalten wir derzeit im Team mit 7 Designern nicht nur für namhafte Kunden aus den Bereichen Luxury, Food und Automobil hochwertige Corporate Drucksachen, Verpackungen oder Mailings, sondern wickeln meist auch den kompletten Produktionsprozess bis hin zu Sonderanfertigungen mit ab. Für eine Vielzahl der Arbeiten wurden wir international ausgezeichnet.

►► **Wie sieht das Leistungsspektrum genau aus?**

Wir können trotz unseres kleinen Teams ein sehr großes Leistungsspektrum abdecken. Den Schwerpunkt bildet dabei sicher Corporate Design und Corporate Print. Neben den hohen Ansprüchen an die Gestaltung erwarten unsere Kunden aber auch Speziallösungen am POS für Luxusmarken, Eventausstattung von internationalen Automobilveranstaltungen oder Verpackungslösungen im Food- und Beveragebereich, um nur einige Beispiele zu nennen.

►► **Was unterscheidet die Agentur von Mitbewerbern? Was zeichnet sie Ihrer Meinung nach aus?**

Wir haben sehr flache Hierarchien und viele Kunden schätzen den direkten Kontakt zu den ausführenden Designern im Team. Zudem verfügen wir über ein hervorragendes – meist lokales – Produktionsnetzwerk, was uns dabei hilft, dem Kunden auch bei straffen Timings und engen Budgetvorgaben individuelle Lösungsansätze bieten zu können. Glaubwürdigkeit, Kompetenz und persönliches Engagement prägen zudem die Zusammenarbeit zwischen Kunden, Mitarbeitern und Produktionspartnern.

►► **Können Sie uns Agentur-Projekte nennen, auf die Sie ganz besonders stolz sind?**

Zum Beispiel, dass wir jüngst für ein Online-Projekt den Red Dot „Best of the Best" gewonnen haben, und das obwohl wir uns eher als „printlastiges" Büro sehen.

Was uns aber wirklich stolz macht, ist, dass wir als kleines Team für namhafte Marken arbeiten dürfen und diese Kundenbeziehungen zum Teil seit Agenturgründung erfolgreich aufrecht erhalten können. Außerdem natürlich die Tatsache, dass wir im sechsten Jahr nach Gründung die „Top50" in Deutschland anpeilen. Und das ohne großem Award-Budget oder Netzwerkzugehörigkeit.

►► **Gibt es Trends und Entwicklungen, die Sie aktuell in der Markengestaltung spüren?**

Jedes Produkt und jede Marke hat eine Seele, die es zu entdecken gilt. Markeninhalte müssen gemeinsam mit dem Kunden definiert und Ziele für die erfolgreiche Positionierung am Markt abgesteckt werden. Erst durch die Ausstattung der Marke mit materiellen und immateriellen Werten kann diese eine dominierende Stellung in der Psyche des Konsumenten einnehmen. Dabei muss die Marke/das Produkt auch emotional erlebbar sein, was auch im für uns wichtigen Bereich Packaging eine wesentliche Rolle spielt: hier versuchen wir zwar eine klare Botschaft zu kommunizieren, aber auf der anderen Seite den Verbraucher über möglichst viele Sinneskanäle anzusprechen, d. h. die Sensorik als emotionalen Bedeutungsträger zu nutzen.

►► **Was macht für Sie wirklich gutes Design aus?**

Überzeugendes Design muss neue Wege beschreiten, möglichst viele Sinne ansprechen und darf auch Spaß machen. Gutes Produktdesign macht den Kunden glücklich – je durchdachter das Design ist, desto weniger muss man das Werbebudget strapazieren.

►► **Vervollständigen Sie bitte: Man sollte Clormann Design beauftragen, wenn ...**

... herausragende gestalterische Lösungen in Kombination mit höchstmöglicher Produktionsqualität gefragt sind und man eine Agentur „zum Anfassen" sucht.

►► **Gibt es eine Marke, für die Sie liebend gerne einmal arbeiten würden? Falls ja, für welche und weshalb?**

Nachdem wir als Agentur nachhaltig ausgerichtet und klimaneutral zertifiziert sind, würde ich gerne für Unternehmen arbeiten die eine ähnliche Ausrichtung haben, gerne aus dem Bereich Outdoor oder Sport. Die letzten Jahre hatten wir unsere Schwerpunkte im Corporate Design und Corporate Print Bereich. In Zukunft wollen wir aber auch unsere Kompetenzen im Online-Bereich stärker unter Beweis stellen, wobei wir nicht zu denen gehören, die sagen: print ist tot! Auch in diesem Bereich gibt es nach wie vor sehr spannende Projekte und Herausforderungen.

►► **Clormann Design ist in Penzing bei München ansässig. Was schätzen Sie an Ihrem Standort?**

Unser Standort ist die perfekte Symbiose aus Inspiration und Produktivität. Am Rande eines Naturschutzgebietes an einem Quellfluss gelegen und trotzdem in unmittelbarer Reichweite von leistungsstarken Produktionspartnern und Zulieferern. Logistisch sehr gut erreichbar und mit sehr hohem Freizeitwert.

Marc Clormann studierte Kommunikationsdesign an der Fachhochschule München. Nach erfolgreichem Abschluss 1997 und ersten Berufserfahrungen folgte ein Postgraduierten Studium zum Industrial Designer in der Meisterklasse von Prof. Wulf Schneider. Nach 12 Jahren in verschiedenen Agenturen und freien Aufträgen für verschiedene Kunden wurde 2009 Clormann Design in der Nähe von München gegründet. Das stetig wachsende Team aus derzeit 7 festangestellten Designern arbeitet seitdem erfolgreich für zahlreiche Kunden aus den Bereichen Luxury, Automobil, Lifestyle und Food. Clormann Design wurde bislang mit knapp 50 internationalen Designpreisen ausgezeichnet, verfolgt eine nachhaltige Ausrichtung und ist klimaneutral zertifiziertes Unternehmen.

Links
►► **www.clormanndesign.de**

★ INTERVIEW | **MARTINA MERZ** | MËRZ PUNKT

MARTINA MERZ
MËRZ PUNKT

Im Gespräch mit der Gründerin und Geschäftsführerin der Designagentur mërz punkt aus München.

▸▸ **Martina Merz, erzählen Sie uns bitte etwas zur Entstehung und zur Entwicklung Ihrer Agentur.**
mërz punkt wurde 1990 als umweltorientierte designagentur gegründet. Damals waren wir mit der konsequenten Ausrichtung absolute Pioniere und Exoten. Das hat uns von Beginn an viele tolle Kunden aus dem gesamten Nachhaltigkeitsbereich gebracht: NGOs, Hersteller, Messeveranstalter, Ministerien, auch große Konzerne wie Heidelberger Druckmaschinen, die den Umweltbereich mit uns realisiert haben. Mit der Zeit haben wir uns immer stärker auf den Biobereich konzentriert und sind hier eine der führenden Agenturen für den Bereich Markenentwicklung, CD und vor allem Packaging. Wir sind ein kleines Designbüro, weil die menschliche Qualität der Zusammenarbeit für uns wesentlicher Teil der Unternehmensphilosophie ist. Wir glauben daran, mit unserem Tun die Welt ein bisschen besser zu machen. Deshalb haben wir in München das „innovationslabor organic future" gegründet, die GUBE20 (www.GUBE20.com). Ein Nonprofit-Projektraum, der die unterschiedlichen Player zusammen und Bio voran bringt: Bio 3.0.

▸▸ **Wie sieht das Leistungsspektrum genau aus?**
Als klassisches Designbüro betreuen wir unsere Kunden von der strategischen Markenentwicklung über CD und Packaging bis hin zur Unternehmenskommunikation, Nachhaltigkeitsberichten und POS-Maßnahmen. Ein Kompetenz-Schwerpunkt ist das Thema Wein. Im 3D-Bereich gestalten wir Läden und Messestände. Darüber hinaus haben wir sehr gute Marktkenntnisse im Foodbereich und sind hier auch strategische Sparringpartner für Sortiment und Vertrieb.

▸▸ **Was unterscheidet die Agentur von Mitbewerbern? Was zeichnet sie Ihrer Meinung nach aus?**
Unsere herausragende inhaltliche Kenntnis der Bio- und Nachhaltigkeitsthematik – verbunden mit leidenschaftlich-kreativer Umsetzungskraft. 25 Jahre Erfahrung in diesem Bereich sind ein unschätzbares Knowhow, das es nur bei uns gibt! Eigene umfangreiche Designstudien liefern uns fundierte Kenntnisse und unseren Kunden deutliche Umsatzsteigerungen. Unsere Auftraggeber kommen aus der gesamten Wertschöpfungskette: von Bauern über Lebensmittelhersteller, Großhandel, Verbände bis hin zu Messeveranstaltern, Berater, Fachhandel und LEH. Deswegen sind wir nicht nur hervorragend vernetzt, sondern kennen auch die jeweiligen Bedürfnisse aller Partner, um ein Produkt erfolgreich im Markt zu etablieren. Außerdem lieben wir nicht nur unseren Beruf als Designer, sondern leben Bio auch als Konsumenten. Und mit Überzeugung und Herzblut lassen sich überzeugendere Designlösungen entwickeln. Kunden die zu unserem Konzept nicht passen, lehnen wir kategorisch ab.

▸▸ **In Ihrer Laufbahn haben Sie zahlreiche Lösungen für diverse Kunden entwickelt. Können Sie uns Projekte nennen, auf die Sie besonders stolz sind?**
Der GEPA und der Bioland Relaunch, die neue demeter-Etikettenserie für das Weingut Zähringer, der Honigauftritt für Jonas&Daniel und viele mehr ... Besonders stolz sind wir aber vor allem darauf, gemeinsam mit unseren Kunden umsetzbare, individuelle Lösungen zu entwickeln, die den engagierten Menschen in der Branche gerecht werden, umsetzbar sind und zu tollen Unternehmenserfolgen führen. Mittlerweile wissen wir, dass unsere Relaunches immer zu mindestens 30% Umsatzsteigerung führen. Und dass unsere Kunden uns vertrauen, sich auf neue Wege einlassen, meist über viele viele Jahre bei uns bleiben und begeisterte Freunde werden, ist die größte Belohnung für unsere Arbeit.

▸▸ **Gibt es Trends und Entwicklungen, die Sie aktuell im Design spüren?**
Insgesamt spüren wir an der Qualität und Fülle der Bewerbungen, dass immer mehr Designer ihre gesellschaftliche Verantwortung und auch die Möglichkeiten, mit Design die Welt zu verändern, erkennen und wahrnehmen. In immer mehr jungen Unternehmen sind Kreative beteiligt, das wirkt sich auch langsam auf die Gestaltung der Produkte, z. B. Lebensmittel und der Markenkommunikation aus. Die Gesellschaft wird kreativer, es gibt mehr Kreative, der Alltag wird vielfältiger. Die wichtigsten grafischen Trends: Reduktion, handmade, Typografie, Aufrichtigkeit.

▸▸ **Was macht für Sie wirklich gutes Design aus?**
Gutes Design ist Design, das nicht in erster Linie hübsch aussieht und Designpreise gewinnt, sondern die gewünschte Funktion auch erfüllt. Bei inhabergeführten Unternehmen ist es besonders wichtig, dass das Design eine glaubwürdige, mutige Übersetzung des Charakters der beteiligten Menschen ist.

▸▸ **Vervollständigen Sie bitte: Ein Unternehmen sollte mërz punkt beauftragen, wenn ...**
... es eine Designagentur sucht, die sich im Biomarkt und Nachhaltigkeitsbereich fundiert auskennt und durch umfangreiche Verpackungsstudien über einzigartiges Handwerkszeug verfügt. Wenn es eine Designagentur sucht, die anspruchsvoll gestaltet, ohne das Kommunikationsziel aus den Augen zu verlieren und es eine Agentur sucht, die den Charakter und die Besonderheiten der Marke authentisch, zeitgemäß, eigenwillig und praktikabel in Design übersetzt. Unsere Kunden schätzen ehrliches Feedback und eine offene, persönliche Zusammenarbeit auf Augenhöhe – ohne „Agenturallüren".

▸▸ **Gibt es eine Marke, für die Sie liebend gerne einmal arbeiten würden? Falls ja, für welche und weshalb?**
Gastronomie wäre toll. Und als Ausgleich zu Food und Wein wünschen wir uns gerne wieder mehr technische Projekte im Bereich Regenerative Energien.

▸▸ **Können Sie uns drei Webseiten nennen, die Sie regelmäßig besuchen?**
Google, Wikipedia, Facebook.

Martina Merz ist Kommunikationsdesignerin und Inhaberin der umweltorientierten Designagentur mërz punkt in München. Seit fast 25 Jahren betreut die Agentur Menschen & Marken im Nachhaltigkeitsbereich, als klassisches Designbüro liegt der Schwerpunkt in der Markenentwicklung, im Corporate Design und im Packaging für Biolebensmittel und Wein. Ladengestaltung, Messebau und Unternehmenskommunikation, wie beispielsweise Nachhaltigkeitsberichte, runden das Leistungsspektrum ab.

Links
▸▸ **www.merzpunkt.de**

★ SELECTION | GERMANY'S FINEST AGENCIES 2014/2015

AGENTUREN / STUDIOS
NACH BUNDESLÄNDERN

► Hamburg

054 Colell & Kampmann Design GmbH Große Elbstraße 212 22767 Hamburg *www.colellundkampmann.de*	**114** JANSSEN GOUTTE Werbeagentur GmbH Hohe Bleichen 18 20354 Hamburg *www.janssengoutte.de*	**168** Pahnke Markenmacherei GmbH & Co. KG Ludwigstraße 14 20357 Hamburg *www.pahnke-markenmacherei.de*
056 DEN MUTIGEN GEHÖRT DIE WELT.* Werbung & Marketing GmbH Lange Reihe 2 20099 Hamburg *www.dmgdw.de*	**116** justblue.design GmbH Borselstraße 20 22765 Hamburg *www.justblue.de*	**170** peter schmidt, belliero & zandée Mittelweg 159 20148 Hamburg *www.pschmidt.net*
070 Dragon Rouge GmbH An der Alster 3 20099 Hamburg *www.dragonrouge.de*	**120** kai thomas design GmbH Bahrenfelder Straße 322 22765 Hamburg *www.kaithomasdesign.de*	**172** Peter Schmidt Group ABC-Straße 47 20354 Hamburg *www.peter-schmidt-group.de*
078 EIGA Design GbR Spritzenplatz 6 22765 Hamburg *www.eiga.de*	**126** Kolle Rebbe GmbH Dienerreihe 2 20457 Hamburg *www.kolle-rebbe.de*	**174** POINT HAMBURG Gustav-Mahler-Platz 1 20354 Hamburg *www.pointhamburg.de*
080 elbedesigncrew GmbH Bernhard-Nocht-Straße 99 20359 Hamburg *www.elbedesigncrew.de*	**134** Landor Associates GmbH An der Alster 47 20099 Hamburg *www.landor.com/hamburg*	**182** sabinefunkdesign GmbH Esplanade 41 20354 Hamburg *www.sabinefunkdesign.com*
096 gabriel design team Heckscherstraße 48 20253 Hamburg *www.gabrieldesignteam.com*	**136** Leiseder Kommunikation Plus GmbH & Co. KG Bult 2 21029 Hamburg *www.leiseder-kommunikation-plus.de*	**192** Studio Elfenbein GmbH & Co. KG Spadenteich 4-5 20099 Hamburg *www.studio-elfenbein.de*
098 Gaida Kommunikation GmbH Neuer Wall 50 20354 Hamburg *www.gaida-kommunikation.de*	**144** loved gmbh Brandstwiete 46 20457 Hamburg *www.loved.de*	**196** switch:design GmbH Schellerdamm 2a 21079 Hamburg *www.switch-design.de*
100 giraffentoast design gmbh Kleiner Schäferkamp 28 20357 Hamburg *www.giraffentoast.com*	**150** mitho® Planckstraße 13 / Werkheim 22765 Hamburg *www.mitho-media.de*	**208** Tom Leifer Design Mittelweg 161 20148 Hamburg *www.tomleiferdesign.de*
110 Interbrand Zirkusweg 1 20359 Hamburg *www.interbrand.com*	**164** OLIVER VOSS Werbeagentur GmbH Finkenau 35e 22081 Hamburg *www.olivervoss.com*	

▸ Niedersachsen

072 DRIVE GmbH & Co. KG
Alte Keksfabrik / Lister Straße 9
30163 Hannover
www.drive.eu

118 KAAPKE GmbH
Süd-Allee 2
49685 Emstek/ecopark
www.kaapke.com

150 mitho®
Agentur für Neue Medien & Design
Weststraße 5a
38325 Roklum
www.mitho-media.de

▸ Berlin

058 DesignAIR Communications
Sophienstraße 7
10178 Berlin
www.designair.de

066 dieckertschmidt GmbH
Rosenthaler Straße 48
10178 Berlin
www.dieckertschmidt.com

068 Digiden GmbH
Saarbrücker Straße 37b
10405 Berlin
www.digiden.de

084 Faber & Marke
Berlin
www.faber-marke.de

100 giraffentoast design gmbh
Schlesische Straße 30
10997 Berlin
www.giraffentoast.com

110 Interbrand
Neue Schönhauser Straße 3-5
10178 Berlin
www.interbrand.com

150 mitho®
Agentur für Neue Medien & Design
Glogauer Straße 5
10999 Berlin
www.mitho-media.de

152 MÜLLER MÖLLER BRUSS Werbeagentur GmbH
Köpenicker Straße 48/49
10179 Berlin
www.mmb.berlin

160 nulleins™
Brunnenstraße 192
10119 Berlin
www.nulleins.de

162 Ogilvy & Mather
Rosenthaler Straße 51
10178 Berlin
www.ogilvy.de

188 stoffers/steinicke GbR
Designagentur
Goethestraße 2-3
10623 Berlin
www.stoffers-steinicke.de

194 Super an der Spree GmbH
Reichenberger Straße 125
10999 Berlin
www.s-u-p-e-r.de

206 think moto GmbH
Saarbrücker Straße 24
10405 Berlin
www.thinkmoto.de

▸ Nordrhein-Westfalen

028 act&react Werbeagentur GmbH
Kronprinzenstraße 105
44135 Dortmund
www.act-and-react.com

036 BASIC-UNIT GmbH
Reichspräsidentenstraße 21-25
45470 Mülheim an der Ruhr
www.basic-unit.de

038 Betty und Betty
Kölner Straße 365
40227 Düsseldorf
www.bettybetty.de

042 brand revolutions GmbH
Kirchfeldstraße 111
40215 Düsseldorf
www.brand-revolutions.de

044 Büro Grotesk
Wissmannstraße 15
40219 Düsseldorf
www.buero-grotesk.de

046 Bureau BLEEN OHG
Von-Lohe-Straße 7
51063 Köln
www.bureaubleen.com

050 cantaloop GmbH
Böningerstraße 40
47051 Duisburg
www.cantaloop.de

060 DES WAHNSINNS FETTE BEUTE GmbH
Strategische Kreativität für Marktführer
Am Zollstock 3
57439 Attendorn
www.fette-beute.com

076 eden und team Werbeagentur GmbH
Goethestraße 5
44791 Bochum
www.edenundteam.de

★ SELECTION | GERMANY'S FINEST AGENCIES 2014/2015

AGENTUREN / STUDIOS
NACH BUNDESLÄNDERN

082 **ENGELMANN & KRYSCHAK**
Werbeagentur GmbH
Rathausufer 22
40213 Düsseldorf
www.ek-werbeagentur.de

088 **Falcon White – Designagentur**
Am Förderturm 8
44575 Castrop-Rauxel
www.falconwhite.de

094 **FORCE Communications & Media GmbH**
Niederkasseler Lohweg 185
40547 Düsseldorf
www.force-agentur.de

104 **heureka GmbH**
Renteilichtung 1
45134 Essen
www.heureka.de

106 **HOME^Agentur für Kommunikationsdesign**
Zeche Holland I/II, Ückendorfer Straße 237 H
45886 Gelsenkirchen
www.home-agentur.de

110 **Interbrand**
Weinsbergstraße 118a
50823 Köln
www.interbrand.com

130 **Kontrast Communication Services GmbH**
Grafenberger Allee 100
40237 Düsseldorf
www.kontrast.de

140 **livewelt GmbH & Co. KG**
Berliner Straße 133
33330 Gütersloh
www.livewelt.de

142 **Lockstoff Design GmbH**
Unterstraße 75
41516 Grevenbroich
www.lockstoff-design.de

154 **Niehaus Knüwer and friends GmbH**
Jägerhofstraße 21-22
40479 Düsseldorf
www.niehausknuewer.de

162 **Ogilvy & Mather**
Am Handelshafen 2-4
40221 Düsseldorf
www.ogilvy.de

166 **OPEN STUDIO**
Hoffmann & Furtmann GbR
Hoffeldstraße 46
40235 Düsseldorf
www.weareopenstudio.de

172 **Peter Schmidt Group**
Grünstraße 15
40212 Düsseldorf
www.peter-schmidt-group.de

174 **POINT MINDEN**
Wittelsbacherallee 59
32427 Minden
www.pointminden.de

190 **Strategen Gestalter**
Kommunikationsdesign
Erwitter Straße 105
59557 Lippstadt
www.strategengestalter.de

198 **TAKTZEIT GmbH**
Marketing Kommunikation
Römerstraße 6
40476 Düsseldorf
www.taktzeit.com

200 **Team Meuter GmbH**
Die Profilschärfer
Tungerloh-Pröbsting 20
48712 Gescher
www.meuter.de

202 **teampenta GmbH & Co. KG**
Seibertzweg 2
44141 Dortmund
www.teampenta.de

210 **Uniplan GmbH & Co. KG**
Schanzenstraße 39a/b
51063 Köln
www.uniplan.com

➤ **Sachsen**

084 **Faber & Marke**
Dresden
www.faber-marke.de

090 **FINAL IMAGE GmbH**
Schloßstraße 3
01067 Dresden
www.final-image.de

➤ **Rheinland-Pfalz**

026 **3st kommunikation GmbH**
Taunusstraße 59-61
55120 Mainz
www.3st.de

►— **Hessen**

032 **Agonist media GmbH**
Hanauer Landstraße 114
60314 Frankfurt am Main
www.agonist.com

034 **AniManual – kreative Erklärvideos**
c/o nutcracker webvideo communication
Cassellastraße 30-32
60386 Frankfurt
www.animanual.de

048 **C&N Design-Agentur GmbH**
Wiesenau 27-29
60323 Frankfurt am Main
www.c-u-n.de

062 **DFM Brand Builders**
Louisenstraße 120
61348 Bad Homburg
www.dfm-frankfurt.de

092 **Flaechenbrand GbR. Die Ideenstifter.**
Rheinstraße 59
65185 Wiesbaden
www.flaechenbrand.eu

102 **hauser lacour kommunikationsgestaltung gmbh**
Senckenberganlage 10 – 12
60325 Frankfurt am Main
www.hauserlacour.de

138 **Liebchen+Liebchen Kommunikation GmbH**
Alt-Fechenheim 103
60386 Frankfurt am Main
www.LplusL.de

158 **NUISOL · Agentur für digitale Aha-Erlebnisse**
Hanauer Landstraße 161-173, Haus C
60314 Frankfurt am Main
www.nuisol.com

162 **Ogilvy & Mather Germany**
Darmstädter Landstraße 112
60598 Frankfurt am Main
www.ogilvy.de

172 **Peter Schmidt Group**
Westhafenplatz 8
60327 Frankfurt am Main
www.peter-schmidt-group.de

176 **PUR[E]ART GmbH
Communication & Design**
Am Joseph 9
61273 Wehrheim
www.pur-e-art.de

►— **Baden-Württemberg**

064 **DFROST GmbH & Co. KG**
Hauptstätter Straße 59a
70178 Stuttgart
www.dfrost.com

074 **DRWA
Das Rudel Werbeagentur OHG**
Erbprinzenstraße 11
79098 Freiburg
www.drwa.de

122 **Khalil + Freunde GmbH
Marketing | Kommunikation**
Mercedesstraße 17
71384 Weinstadt
www.khalil-freunde.de

128 **kom
Agentur für Kommunikation und Marketing GmbH**
Bodelschwinghstraße 9
70597 Stuttgart
www.kom-stuttgart.de

178 **Red Monkeys GmbH**
Rosgartenstraße 32
78462 Konstanz
www.red-monkeys.de

212 **WEADYOU GmbH**
Marktplatz 5
71634 Ludwigsburg
www.weadyou.com

►— **Bayern**

030 **AGENTUR RICHTER WERBEAGENTUR GMBH**
Landwehrstraße 37 Rgb
80336 München
www.agentur-richter.com

040 **brand.david Kommunikation GmbH**
Nymphenburger Straße 86
80636 München
www.brand-david.de

052 **Clormann Design GmbH**
Quellenweg 4
86929 Penzing
www.clormanndesign.de

108 **hw.design gmbh**
Türkenstraße 55-57
80799 München
www.hwdesign.de

112 **Jäger & Jäger**
Heiligenbreite 52
88662 Überlingen
www.jaegerundjaeger.de

132 **Lambie-Nairn & Company Limited**
Rosenheimer Straße 145d
81671 München
www.lambie-nairn.de

146 **Markenliaison**
Aventinstraße 1, RGB
80469 München
www.markenliaison.com

★ SELECTION | GERMANY'S FINEST AGENCIES 2014/2015

AGENTUREN / STUDIOS
NACH BUNDESLÄNDERN

148	mërz punkt | umweltorientierte designagentur Gubestraße 20 Rgb. 80992 München *www.merzpunkt.de*
172	Peter Schmidt Group Theresienhöhe 12 80339 München *www.peter-schmidt-group.de*
174	POINT MÜNCHEN Konrad-Zuse-Platz 8 81829 München *www.pointmuenchen.de*
184	SchleeGleixner GmbH Friedrichstraße 19 63739 Aschaffenburg *www.schleegleixner.de*
186	Schmid/Widmaier GbR Corneliusstraße 27 80469 München *www.schmidwidmaier.de*
214	WHITE Communications GmbH Rosenheimer Straße 145e 81671 München *www.white.de*

➤ *www.selection-germany.de*
➤ *www.facebook.com/selection.gfa*
➤ *www.twitter.com/selection_gfa*
➤ *www.youtube.com/selectiongfa*

Impressum

Verlag	**NBVD**
	Norman Beckmann Verlag & Design
	Alter Wall 69
	20457 Hamburg
Fon	(0 40) 432 18 82-0
Fax	(0 40) 432 18 82-29
Mail	info@nbvd.de
Web	www.nbvd.de
Onlineshop	➥ *www.nbvd-shop.de*
Herausgeber	Norman Beckmann
Kontakt	Norman Beckmann
	➥ *beckmann@selection-germany.de*
	Meike Gerlach
	➥ *gerlach@selection-germany.de*
Gestaltung	NBVD, Hamburg
	➥ *www.nbvd.de*
Druck	gutenberg beuys feindruckerei, Hannover
	➥ *www.feindruckerei.de*
Material	Inhalt: Condat matt Périgord, 150g/m²
	Umschlag: Imperial Feingewebe, blau
Schriften	Chronicle Text G2
	Gotham
ISBN	978-3-939028-44-4

© NBVD | Norman Beckmann Verlag & Design
Originalausgabe | 1. Auflage, Ende Oktober 2014

Nachdruck, auch auszugsweise, sowie Vervielfältigung oder Verbreitung mittels digitaler Medien nur mit schriftlicher Genehmigung des Verlages.

Alle Rechte vorbehalten.

Links	**SELECTION**	Germany's Finest Agencies
	➥ *www.selection-germany.de*
	➥ *www.facebook.com/selection.gfa*
	➥ *www.twitter.com/selection_gfa*
	➥ *www.youtube.com/selectiongfa*
	Verlag
	➥ *www.nbvd.de*
	➥ *www.nbvd-shop.de*